ニコルハピネス♡

毎日が
ワラキにかわる!!
おそうじレッスン

監修：整理収納コンサルタント
瀧本真奈美

JN083103

西東社

部屋がごちゃごちゃして落ちつかない！
好きな物に囲まれて気持ちよく過ごしたい！
そんなふうに思ってる子、多いんじゃない？

それ、もしかしたら
部屋を片づければ解決するかも!?

この本では、カンタンで楽しくできる片づけの方法や、
きれいな部屋をキープするワザをくわしく紹介！
苦手な子でもあっという間にお部屋をきれいにできちゃうよ！
きっと大人になってもずっとずっと役立つはず♥

勉強も趣味もおしゃれも！

片づけをするとぜ〜んぶすっきり！

ハッピーにかわるよ！！

だれでも、「片づけ上手」になれる！！

お部屋をきれいにして、毎日を楽しく過ごそう♥

整理収納コンサルタント　瀧本真奈美

3

この本を読むと身のまわりが
こんなにステキに大変身!!

片づけがうまくいかない！　自分の部屋で落ち着けない！
そんなおなやみも、この1冊でぜ～んぶ解決！

これが…

こうなる！

ふうか

部屋の中は物でいっぱい。趣味のハンドメイドが楽しめる部屋があこがれ！

これが…

こうなる！

ひびき

机の上や部屋を片づけて、自分の部屋で勉強したり、忘れ物をなくしたりしたい！

これが…

ぎっしり

こうなる！

りな

服をきれいに整理して、もっとおしゃれを楽しみたい！

おなやみストーリーと解決法で整理整とんをマスター!!

上手に収納するためのテクニックや、カンタンに作れる収納グッズを紹介。

めんどうなときや時間がないときに、すぐにできるカンタンな収納方法を紹介。

きれいな部屋のために、「これだけはしちゃだめ」という例を紹介。

片づけのコツを教えるよ！

いずみ

りなのいとこのお姉さん。片づけと部屋づくりのアドバイスをする「整理収納コンサルタント」をしている。

5

部屋を片づけると いいこといっぱい！

部屋や身のまわりがきれいになると、こんなにたくさんのいいことがあるよ！

いいこと1 好きなことがすぐできる

BEFORE

本やマンガ、服などがごちゃごちゃに入っていると、今必要なものが見つからなくて、ストレスだよね。

読みたい本が見つからない

AFTER

物の場所が決まっていれば、必要なものがすぐに見つかるから、マンガを読んだり音楽を聞いたり、やりたいことがすぐにできるよ！

好きなことに集中できる

いいこと2 おしゃれを楽しめる

BEFORE

着る服が見つからない

しわくちゃ…

AFTER

今日はこの服にしよう

服や下着がごちゃまぜだったり、衣替えをしないままになっていたりしない？　クローゼットがきれいなら、着たい服がすぐに見つかって、おしゃれが楽しめるよ！

いいこと3 準備がさっとできて忘れ物なし

BEFORE

算数のドリルがない〜！

AFTER

これとこれと…

テキパキ

教科書やノートがばらばらだと、探すのに時間がかかって忘れ物が増えることも。きれいに整理されていれば、準備がすぐに終わるよ。

いいこと 4 宿題や勉強がはかどる

机の上に物がどっさりあると、勉強する気がなくなるよね。座るだけですぐに勉強に取りかかれる机なら、やる気も出るしはかどるよ！

いいこと 5 なくし物が減る

物の置き場所が決まっていないと、「あとでやればいいや」とほったらかしにしがち。置き場所を決めれば、大切なプリントもなくさないよ！

いいこと 6　気分がすっきりする

BEFORE

なんとなく
イライラ…

AFTER

きれいで
スッキリ♥

部屋に入った瞬間、山積みの服があったり、散らばったプリントがあったりすると気が重くなるよね。きれいな部屋なら、気分もすっきり！

いいこと 7　友だちを呼べる

BEFORE

部屋はちょっと…

ROOM

AFTER

楽しく
過ごせる！

部屋がきれいなら、友だちを呼ぶことができるね。みんなで楽しくお泊まり会だってできちゃうかも！

もくじ

部屋を片づけるといいこといっぱい！…6

片づけをすれば毎日が変わる！？…14

まずは自分のタイプを診断 …24

お部屋全体も片づけよう！…78

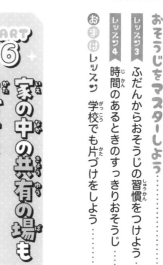
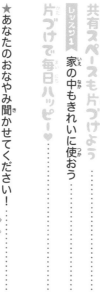

PART 1

部屋を片づけて気分を上げよう

片づけをすれば
毎日が変わる!?

おはよ〜！

おはよー

おはよっ…！

あれっ

おはよう！

ひびき！
りな！

ふうかのヘアピン
新しいね〜

あ
わかった？
かわいくて
買っちゃった
えへへ

ふうか

こまごましたものを
買ったり作ったり
するのが好き
なんでもとっておく
クセがある

ふうか
そういうの
たくさん
持ってるけど
よく
片づけられるね
私だったら
そのへんに
置きっぱなしで
しかられそう

あ…いや…
うん…

この間…

ふうか〜
あのさ…

これいる？

いらないかも？
でも…

うん！

ちゃりん♪

よかった！
じゃあ
これも
あげる〜

ドサッ

えっ…

15

ふうか
どうしたの
それ!?

ふうか
ママ

あなたね！
この部屋を
見て！

学校で
もらったの

使うの？

……

これもこれも！
もう捨てて
いいでしょう？

イヤー！
ダメー！！

なるほど…

大事な物
ばかりだから
捨てたくないんだ

でも最近物が
多すぎて
部屋にいても
落ち着かなくてさ〜

じゃあ宿題を
集めます！

はーい

…え？　あれ？
なんで？

持ってきた
はずなのに…!?

…………

何かやってると
つい忘れちゃって
すぐ物が
なくなるんだよねー

あっ
そういえば駅前に
新しい雑貨屋さんが
できたよね！

知ってる！
昨日
さっそく行って
買い物したよ！

あれ？
何買ったんだっけ…

りな

はやりものが
大好きだが飽きっぽい
次々に新しい物が
ほしくなる

さすがりな！
そういえば
『ミラクル
のんちゃん』の
新刊も
買ったんでしょ？

あ、
いやぁ…

今度
遊びに
いってもいい？

ミラクル
のんちゃん
3

あ～！
いずみさん
どうしたの？

仕事で
近くまで
来たから

ちょうど
りなちゃん家に
寄ろうと
思ってたんだ

りな…
だれ？

私のいとこの
いずみさん！

すっごくやさしくて
おしゃれなんだよ～

ほんと
かっこいい～！

ところで
りなちゃん
なんだか
大きい声を
出してたけど
どうしたの？

そ…
それが…

ふーん　なるほど　毎日がすっきりしないのか…

それは…

片づけをすればすべて解決するよ！

ええっ

か…片づけは苦手…

私も…

よし！私が3人の部屋の片づけを手伝うのはどう？

え!?

私の仕事は「整理収納コンサルタント」っていってお客さんに片づけとお部屋づくりのアドバイスをしているの

みんなの毎日がハッピーになるように片づけを手伝うよ！

すご〜い!!やったー！

23

どうして散らかるの？
まずは自分のタイプを診断

当てはまる項目にチェックを入れてね！
A〜Cの中で一番チェックの多かった
アルファベットがあなたのタイプだよ。

A

- ☐ 気に入った物はコレクションしたくなる

- ☐ 無料、おまけ、限定品などに弱い

- ☐ だれかに「これあげる」と言われると断れない

- ☐ 「いつかは使うだろう」と
  捨てられない物が多い

- ☐ 使わなくてもいざ捨てようとすると
  ためらってしまう

ドキ ドキ ドキ ドキ

B

- [ ] 宿題や提出物、教科書などをよく忘れる

- [ ] 何かを食べたあと片づけないで
  ほうっておくことがよくある

- [ ] ゴミが落ちていてもあまり気にならない

- [ ] 引き出しが開けっぱなしのことがよくある

- [ ] するべきことをついあとまわしにする
  ことがある

C

- [ ] はやっているものはすぐにほしくなる

- [ ] 飽きっぽくて手に入れたら満足してしまう

- [ ] 部屋の収納場所が足りないと思っている

- [ ] 洗たく物をたたむのが苦手

- [ ] 収納グッズをよく買ってしまう

次のページからのアドバイスを見てね。

◀◀◀ ※チェックが同じ数だった場合は、
当てはまったすべてのタイプを見てみよう。

Ａのチェックが多かったあなたは…

捨てられない！もったいない！
ため込み 型のふうかタイプ

私だ〜

物が捨てられなくて どんどん増えていく

おまけや「タダ」と言われると、いらない物でももらってしまうタイプ。物を捨てることができないので、「とりあえず置いておこう」とため込んだ結果、部屋が物でパンパンに。

ここを変えよう！

NO!

いる・いらないを しっかり見極めよう

「同じような物をもっていないか」「本当に使うか」を考えて、必要のない物はたとえ無料でも断ろう。「ひとつ買ったらひとつ手ばなす」というルールを決めてもいいね。

まずはここから！ 必要のない物は手に取らない

めんどくさい
あとでやろう…

先のばし型の ひびきタイプ

てへへ…

片づけるのがめんどうで 散らかしっぱなし

部屋が多少散らかっていても、あまり気にしないタイプ。片づけるのがめんどうで、「明日やろう」などと先のばしにするうちに、どんどん足のふみ場もない状態になってしまう。

ここを変えよう！

めんどうにならない 収納の方法を考える

物をしまうのに、毎回フタや引き出しを開けるのはめんどう。それならトレイに「入れるだけ」にしたり、ワゴンの上に「置くだけ」にしたりと、すぐ片づけられる方法を考えよう。

まずはここから！ カンタンな片づけ方を見つける

とりあえずかくす
収納グッズ好き

見ないふり 型のりなタイプ

ばれた？

物をおし込むけど
実際には片づいていない

部屋にあいている場所があると、どんどん物を増やしてしまうタイプ。収納グッズに入れることで片づけた気になっているけれど、中身が整理されていないので、どこに何があるかわからないことも。

ここを変えよう！

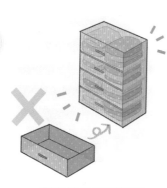

収納場所を増やさずに
物を減らす工夫を

物が入り切らないからといって、収納グッズを買い足すのはダメ。入らないときは物の量を見直そう。買い物をするときは、買い過ぎないようにカゴを持たないのがおすすめ。

まずはここから！ ムダな買い物をやめる

レッスン 1 やる気の きっかけを作ろう

いざ片づけを始めようとするとやる気が出なかったり、途中で飽きてしまったり…。そんなときのとっておきの方法を教えるよ。

☆ 片づける前にやる気が出ない… ☆

音楽をかけたり 写真を撮ったりしよう

好きな音楽をききながらだと、テンションが上がるかも。片づける前の写真を撮って、「片づけたあとの写真も撮ってくらべよう！」とやる気を出すのもいいね。

お家の人に 手伝ってもらおう

手伝ってもらうのは、はずかしいことじゃないよ。ただし「いる・いらない」は自分で決めよう。お家の人には、いらないと決めたものの処分やゴミ出しをお願いしてね。

何から始めていいかわからない…

お手本の部屋を見よう

雑誌やネットなどで自分好みのおしゃれな部屋の写真を見つければ「こんな部屋で過ごしたい！」という気持ちがわいてくるよ。収納のヒントも見つかるかも。

やり始めてもすぐに飽きてしまう…

ごほうびをつくろう

「3時までがんばれたらおやつ」などと決めれば、片づけを続ける気持ちがわいてくるかも。

タイマーもかけよう

ストップウォッチやタイマーを使って「10分間で机の上を片づける」などと決めるといいよ。

友だちを招待しよう

「友だちが来るから1時までに片づけなきゃ！」といった時間制限があれば、集中して片づけられるよ。

目標を決めて やる気アップ

まずは「こうなりたい」という目標を決めよう。そしてそのために今すぐできることを考えるよ。目標を紙に書いて貼っておくのもいいね。

目標 1 服を選びやすくして おしゃれを楽しむ

クローゼットが整理されていれば、着たい服がすぐに取り出せるし、おしゃれも楽しめるよ。

こうしよう!

* 着なくなった服とさようならする
* 衣替えをする
* 今着る服を使いやすく収納する…など

➡36ページからも見てね

目標 2 好きなものに 囲まれて 趣味を楽しむ

読書やハンドメイドなどの趣味を楽しむには、本や道具が使いやすく整理されていることが大事。

こうしよう!

* 読まなくなった本とさようならする
* 使わないおもちゃとさようならする
* 道具を使いやすく整理する…など

➡106ページからも見てね

勉強に集中して忘れ物をなくす

目標 **3**

机の上や勉強道具を入れた棚がすっきりしていれば、勉強のやる気が出て、忘れ物も減るよ。

こうしよう!

* 机の上を整理する
* いらなくなった文房具とさようならする
* 引き出しの中を必要な物だけにする…など

➡126ページからも見てね

部屋の中でゆったりとくつろぐ

目標 **4**

ベッドが片づいていたり、布団がしまわれていたりすれば、部屋がすっきりして、リラックスもできるよ。

こうしよう!

* ベッドをととのえる
* 布団を毎日片づける
* パジャマをぬいだらすぐたたむ…など

➡146ページからも見てね

友だちも呼んでおしゃべりする

目標 **5**

片づけをマスターして、きれいな部屋をキープできていれば、いつ友だちが遊びに来ても大丈夫。

こうしよう!

* 床に物を置かない
* 使ったらすぐに片づける
* 片づけをくり返して片づけ上手になる…など

➡182ページからも見てね

ごちゃまぜ…

こっちが
りなちゃんの
クローゼットね

あ…
そこは…！

ゴオオオォ

ガチャ…

ぎっし
り！！

みんなが来るから
とりあえず
片づけたのに…！

は…
はずかしい…!!

りなちゃん
物を
ただ詰め込むのは
片づけるとは
言わないよ

ビシッ

せっかくおしゃれ
したいのに
これじゃ楽しめないん
じゃない？

うん…
着たい服が
見つからないし
いざ見つかっても
しわだらけで…

結局
いつも同じ服
ばかりになるんだ

あのワンピっ
どこだ～～

しわ
しわ

……

それに
服を詰め込んだ
ままにすると
虫に食われたり
ホコリがたまったり
するよ

虫くいの穴

よし！
まずは全部
出そう！

は…
はい……

りなちゃん
これは汚れてるけど
捨てたくないの？

うん…
お気に入りで…

じゃあ一度
クリーニングに
出してみると
いいよ！

それで落ちなければ
あきらめよう

うん！

お気に入りだけど
小さくなって
着られない服は
写真を撮ってから
リサイクルなどに
出すといいね

だいぶ
物が
減ったね！

お気に入りだった
服も
どんどん
見つかったー！

次は今着る服を使いやすいように分けるよ

アウターやしわになりやすい服はハンガーにかけよう

服のかけ方にもポイントがあるよ

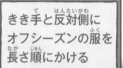
きき手と反対側にオフシーズンの服を長さ順にかける

きき手側に今着る服を長さ順にかける

右ききの場合！

端から中央に向かって長さ順にかけるとすっきりするよね

ほお〜

毎日着る服はフックを使うと便利だよ

かけやすい！

服はこんなふうに
たたんで入れると
探しやすくなるよ

たたむ

↓

2つ折り

↓

「わ」になった
部分を上にして
立てる

次は
引き出し!

「下着やくつ下」
「トップス」
「ボトムス」
などアイテムごとに
分けよう（48ページも見てね）

バッグや帽子は
1か所にまとめて
置くかフックに
かけよう

ハンカチと
ティッシュは
同じカゴに入れると
取り出しやすいね

わあ!

これで
朝バタバタしなくて
すみそう!

服の「いる・いらない」を考えて分ける

気に入った服はつい買いたくなるけれど、その前に、今持っている服の「いる・いらない」を考えて、量を見直そう。

服の分け方のルール

次の質問に「はい」「いいえ」で答えると、服をどうすればいいかがわかるよ！

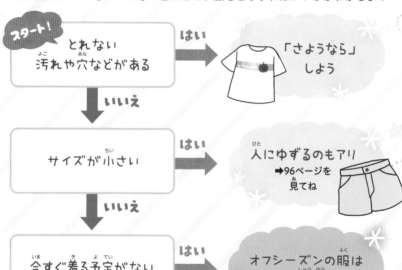

スタート！

とれない
汚れや穴などがある

はい → 「さようなら」
しよう

いいえ ↓

サイズが小さい

はい → 人にゆずるのもアリ
➡96ページを
見てね

➡96ページを見てね

いいえ ↓

今すぐ着る予定がない

はい → オフシーズンの服は
まとめて収納しよう

いいえ ↓

しまう場所を決めよう

迷ったときは一度着てみよう

サイズは合っているのに着ない服があるなら、一度試しに着てみよう。
なぜ着る気になれないのかがわかれば、どうすればいいかわかるよ。

こんなことに気づくかも

合わせる服が
見つからない

すぐしわになるから
アイロンをかけるのが
めんどう

生地が薄すぎる
など着心地が悪い

なんとなく
にあわない

同じような服が
ほかにある

もう好きでは
ないかも…

プチテク

思い出のもので
手ばなしにくいときは
写真で残そう

サイズが小さくなる前に、服
を着た写真を撮っておくとい
いね。着られなくなっても、
服を体にあてて写真を撮るだ
けでも思い出になるよ。

色別に分けると
ムダな物がわかる

同じような色やデザインの服が2枚
あって、一方しか着ていない場合は、
もう一方の服を手ばなしてもいいかも。

似た柄が2枚！

今着る服をまとめてアイテムごとに整理

服がしわだらけになったり、毎日服を選ぶのに時間がかかったりするのはイヤだよね。すっきりしたクローゼットをめざそう。

こんなクローゼットはいやだ！

✖ 季節やアイテムごとに分かれていない

✖ ほかの場所にしまうべき物がある

✖ 服がぎゅうぎゅうで取り出しにくい

✖ 引き出しの中がいっぱいでしまらない

✖ 服やバッグが積み重ねられている

46

こんなクローゼットを目指そう！

服をアイテムや長さで分けて、余裕をもってかけてある

オフシーズンの服は別にまとめてある

帽子や小物はポールハンガーなどにかけてある

バッグがきれいに収納されている

引き出しの中がアイテムごとに整理されている

ポイント

季節に合わせて衣替えをして、そのつどクローゼットの中を整理しよう。ハンガーラックも引き出しもたくさん詰め込まずにアイテムごとに分けて収納をしようね。

ファッションアイテムの整理のしかた

たたむとシワになったり形がくずれたりしやすいアイテムは、ハンガーにかけて収納しよう。アイテムの名前も覚えてね！

ハンガーにかけて収納するもの

トップス

Tシャツやブラウス、トレーナーやカーディガンのこと。シワになりにくいトレーナー以外はハンガーがオススメだよ。

ボトムス

パンツやスカートのこと。クリップで挟んでつるせるハンガーで、シワができないようにまっすぐつるそう。

ブラウス

シャツ

カーディガン

パンツ

ロングスカート

プリーツスカート

48

ワンピース・オールインワン

上下がつながった服のこと。つりひもと胸当てのついたものはサロペットともいうよ。

ワンピース

サロペット

アウター

トップスの上からはおる服。短い丈のジャンパーのほか、冬に着るコートなどもアウターだよ。

スタジャン

ジージャン

たたんで収納するもの

シワになりにくいトレーナーやジーンズ、かさばらないTシャツなどは、たたんで収納するのがオススメ！

ジーンズ

トレーナー

Tシャツ

ハンガーにかけて収納する服のしまい方

クローゼットをすっきりさせるには、ハンガーの使い方がポイント！ 自分のクローゼットを見直してみよう！

かけすぎないようにして二手に分ける

オフシーズンの服はきき手と反対側！

たためないコートやしわが気になるブラウスなどは、じゃまにならないようきき手と反対側に寄せておこう。

今着る服はきき手側！

きき手側にかけると出し入れがしやすいよ。丈の長さ順にならべるとすっきりして、衣装ケースも置きやすくなるよ。

空いたスペースに衣装ケースなどを置くとさらに使いやすいクローゼットになるよ！

プチテク

服の量はポールの半分くらいに

ハンガーをかけすぎるとぎゅうぎゅうになって、服どうしがこすれていたんだり、服を取り出しにくくなったりするよ。ポールの長さの半分くらいまでの量にしよう。

ハンガーのかけかた

トップス

首からハンガーを入れると、生地がのびちゃうよ。必ず、すそからハンガーを通そう。

スカートやズボン

専用のハンガーを使うと便利。ない場合は普通のハンガーに洗たくばさみでとめよう。

 プチテク

ニットをかけるときはそでを肩にかけて

重いニットはそのままかけると腕の部分の重みで型くずれをすることも。そでの部分を肩にかけよう。

ハンガーラックがすっきり見えるコツ

ハンガーをそろえる

服の色がバラバラでも、ハンガーの色やデザインをそろえるだけで、すっきり見えるよ。細めのハンガーなら、たくさんかけられるね。

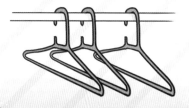

色別にならべる

長さ順ではなく色別にならべるのもGOOD！ 長さ順にしてから色別にすれば、洋服屋さんのようなきれいな見た目に。

たたんで収納する服のしまい方

レッスン 7

服を入れる引き出しは必ずアイテムごとに分けて入れよう。ひとめで必要なものが取り出せるようにするとラクだよ。

アイテムごとに分けて入れよう

使いやすいように、自分の背よりも低い衣装ケースを使おう。

下着や小物
パンツ、
ブラジャー、
キャミソール、
くつ下など

トップス
Tシャツ、
トレーナー、
ニットなど

ポイント

キャスター付きなら、動かして床のそうじがしやすいよ！

ボトムス
ズボン、
スカートなど

そのほか
タイツやレッグウォーマーなど毎日は使わないアイテムや、パジャマなど

引き出しの使い方

服は立てて収納

寝かせて収納すると、下の方にある服が出しづらいよね。立てて収納するのがおすすめ。

しまう

奥にしまって手前から使う

服を順番に着ることによって、「着ない服」がなくなるよ。

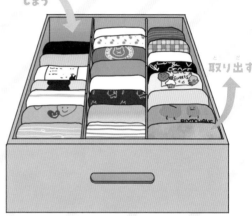

取り出す

プチテク

仕切リケースを使おう

服が倒れにくくなって、選んだり取り出したりしやすくなるよ。

プチテク

下着はひとつずつ入れられるケースが便利

こまかくマス目状に分かれたケースがあれば、くつ下やパンツを丸めてひとつずつ入れられるから、散らかりにくいよ。

すぐできるテク

下着はたたんだり丸めたりするほうが見た目がいいけれど、種類ごとにケースを作って、そのままほうりこんでもOK。

バッグや帽子、小物の片づけテク

かけたり、つるしたり、置いたりといろいろな方法があるよ。大切なのは、物が傷つかないようにすること。いい方法を探してね。

フックやポールハンガーにかける

手を伸ばして届くところに設置するのがポイントだよ！

ドアなどにフックをつけてかける

場所をとらず、出し入れがしやすいよ。

⚠️ **注意**

かけすぎるとごちゃごちゃするので、いつも使う物だけにしよう。

ポールハンガーにかける

毎日使う帽子やバッグをかけると、一度に準備がすんでラクチン。

⚠️ **注意**

重いものをかけると倒れやすいので、なるべく軽い物にして、かけすぎないようにしよう。

☆ハンガーラックにかけたＳ字フックにつるす☆

ハンガーラックにＳ字フックをつけてアイテムをつるして並べることで、
どのアイテムにするか選びやすくなるよ。

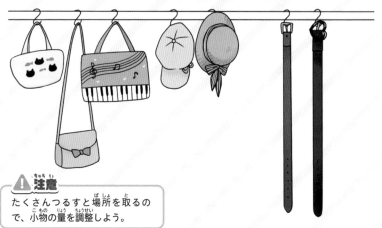

 注意
たくさんつるすと場所を取るの
で、小物の量を調整しよう。

ファイルボックスに入れる

ファイルボックスを使うと重くてつるせないバッグも、置いて収納できるよ。
横にして使えば帽子やマフラーも入れられるね。

 注意
横にして積み重ねると倒れやすい
ので、軽い物だけ入れよう。

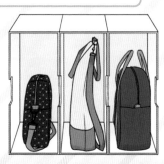

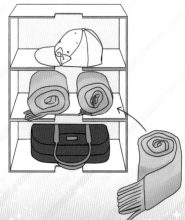

洋服のいる・いらないを決めるとき、コーデを考えながら整理すると決めやすくなるよ。1年間着回せるおすすめのアイテムとコーデをテイストごとに教えちゃう！

春夏は…
トップスを同じ色味の半そでにしたり、ボトムスの丈を短めにチェンジ！

秋冬は…
アウターをはおったり、ボトムスの下にレギンスをはいたりして調整！

ふんわりかわいい！ ガーリー

①ドッキングワンピは1枚でも着られるし、トップスやボトムスを上から合わせるだけで雰囲気が変わるよ。

②ピッタリめのリブTシャツは、首元にアクセントがあるものがかわいい！

③ブラウスは丸いえりの物を選ぶとふんわりガーリーに見える！

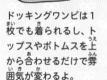

④スカートを選ぶなら断然レース素材の物を。

⑤ハイウエストのショートパンツなら、トップスをインするコーデもできる！

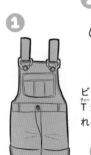

⑥ボタンの開け閉めで雰囲気が変わるカーディガンは1年を通して使える！

クールに決めたい！ スポカジ

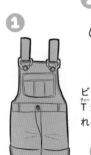

①ショート丈のサロペットパンツは、上半分がボタンなどで外せるタイプもかわいい！

②ビッグシルエットの白Tシャツはおなかが隠れるサイズのものを。

③チェックシャツは大きめが◎。明るい色を選ぼう！

④ショートパンツははっきりとした色を選ぶとクールなイメージに！

⑤ダボッとした前あきパーカーはスポカジの必須アイテム！

⑥ゆるめのトップスに合うレギンスは、ライン入り一択！

元気で明るい！

ポップ

1 インパクトカラーのカーゴパンツで元気に！

2 ちょっと大きめのニットベストは制服っぽいライン入りが◎。

3 短め丈のTシャツはビタミンイエローなどの元気な色を選ぼう！

4 ちょっと派手めのスタジャンで冬も元気に！

5 スウェット生地のワンピースは合わせやすくて着心地もバツグン！

6 制服っぽいミニのプリーツスカートは、チェック柄がおすすめ。

ちょっと背伸びして♪

大人っぽ

1 膝丈スカートは落ち着いて見える大人っぽアイテム。

2 ボーダー柄は細めを選ぶと大人っぽく見えるよ。水色やピンクがおすすめ。

3 デニムパンツは脚のラインにフィットするスキニー（細身）を選んで！

4 ジージャンは、大きすぎず小さすぎない、ジャストサイズを選ぼう！

5 とろんとしたやわらかい生地のシャツは1枚は持っておきたい！

6 ふんわりした素材と色のシャツワンピは着回しに必須！

① リブＴシャツをハイウエ ③ + ④ + ⑥

かわいいドッキングワン
ピが1枚あれば、遅刻しそ
うな朝もコーデが簡単！

② + ⑤

リブＴシャツをハイウエ
ストのショーパンにイン
して、元気なスタイルに！

③ + ④ + ⑥

春や秋のはじめの肌寒い
季節には、ふんわりカー
ディガンでかわいく。

ガーリー

2+4

フリルスカートにリブT
シャツを合わせれば、上
品な雰囲気！

1+6

カーディガンのボタンを
閉めればドッキングワン
ピがスカート代わりに！

3+5

淡い色合いのブラウスと、
濃い色のショーパンを合
わせてメリハリを！

ゆるトップスに、はっきりした色合いのボトムスを合わせるなど、シンプルな
アイテムをバランスよく！ 短いボトムスの下はレギンスをはいてもGOOD！

❶+❸

シャツ×サロペットの元
気スタイル。腰にパーカー
を巻いてもいいね！

❸+❹

シャツをミニスカにインして
ちょいガーリーに。ボタンを
少し開けるのがポイント！

❹+❺

上下ともにビビッドな色
を組み合わせたら、黒の
ハイソックスで締めて。

着回し
コーデ
2

ゆるさとパキッと感でおしゃれに！ スポカジ

③ + ⑤ + ⑥

パーカーのすそからシャツがチラリと見える、丈のバランスを考えてみよう！

① + ②

サロペットは、片側の肩ひもを外してクールな印象に！

② + ⑥

ビッグTシャツとライン入りのレギンスは失敗しない鉄板コーデ！

原色や明るい色を選ぶのが鉄則！　黄色やオレンジなどのビタミンカラーを差し色にしよう。ベストやスタジャンは気温によって脱ぎ着OK！

4 + 6
スタジャンの前を閉めてスカートをチラ見せ。ブーツをはいてもかわいいね！

4 + 5
ベスト丈のワンピースは1枚でかわいい！　スタジャンを腰に巻いてアクセントに。

3 + 6
ポップガールの定番コーデ！　スカートの色に近いインナーを着てね。

着回しコーデ3 ビタミンカラーで元気よく！ ポップ

①+⑤

ワンピースのすそをインすればTシャツ風に使える！少したるませるのがコツ。

②+③+⑥

ミニスカートの上にビッグなベストをあわせれば、制服風のコーデが完成！

①+③+④

スタジャンの下にビビッドな色の上下をあわせて目立っちゃおう！

ガーリースタイルをちょっと大人っぽくしたスタイル。レースやシフォン素材のアイテムを選ぼう。もこもこのアウターとの相性◎！

②＋③
細めボーダーとぴったりしたジーンズの組み合わせは大人っぽカジュアルに！

⑤
大人っぽいシャツワンピはボタンを上までとめて、上品に着こなそう。

①＋④＋⑥
ワンピースをスカートにインして、ブラウスみたいに見せてもかわいい！

❸＋❹＋❺

上下で同じ素材を組み合わせて、ブラウスのえりを出せば大人っぽく！

❷＋❸＋❻

カジュアルスタイルが、シャツワンピをはおるだけでエレガントに！

❶＋❺

週末のお出かけに試したいコーデ。暖かくなってきたらサンダルを合わせても。

服をきれいに たたむテクニック

きれいに服をたたんで引き出しに入れれば、服が探しやすくなるし見た目もきれい。できるときだけでもいいから、少しずつやってみよう。

トップス

① 服を裏返して中央に下じきをあてる。

② 下じきに合わせて両そでをたたむ。

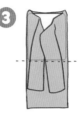

③ 下じきの下の辺にあわせて服を上にたたむ。

④ ひっくりかえして下じきをぬく。

⑤ もう一度折って引き出しへ。

すぐできるテク

① たてに半分にたたんで、そでを重ねて内側に折る。

② 横半分に折る。

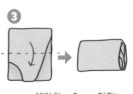

③ さらに横半分に折って完成。

フード付きパーカー

 ①  ②  ③

ファスナーを閉めて、そこでの部分を絵のように重ねたら、線のところで内側に折る。

線のところで三つ折りにする。

フードの中に入れ込む。

デニムパンツ

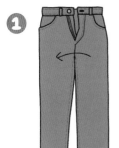 ① 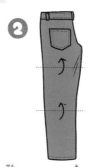 ② ③

ファスナーのある部分を内側にして、たてに半分に折る。

線のところで三つ折りにする。

できあがり。もっとコンパクトにしたいときは②で四つ折りにしてもOK。

ハンカチ

  ① ② ③

ハンカチの裏を上にして置いたら、たて半分に折る（ぬい目が見える方が裏だよ）。

横半分に折る。（タオルハンカチの場合は、これでできあがり）。

大きなハンカチの場合は、もう一度たて→横の順にたたむ。

キャミソール

① たて半分に折る。

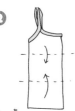

② 三つ折りにする。

③ すそ部分にキャミソールのひもの部分を差し込む。

ショーツ

① 左右を折る。

② 三つ折りにする。

③ ウエストのゴムに下の部分を差し込む。

ブラジャー

ワイヤー付きの場合

① ホックをとめてストラップを中に入れる。

② ひっくり返して型が崩れないように重ねて収納する。

ワイヤーなしの場合

① 半分に折る。

② 裏返して、ストラップを中に入れ込む。

くつ下

カバーソックスの場合

① 一方のくつ下に、もう一方を入れて重ねる。

② 三つ折りにする。

③ 片側をはき口の中に差し込む。

スニーカーソックスの場合

① 両側を折る。

② はき口の中につま先部分を差し込む。

すぐマネテク

くつ下を重ねてはき口を折るだけの方法もあるよ。

くるくると巻くだけでもOK。

PART 2

片づけの基本を覚えよう

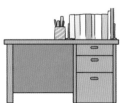

お部屋全体も
片づけよう！

りなの部屋
きれいになって
うらやましい〜

そうだ！
今度の日曜日に
いずみさんの部屋で
レッスンを受けるから

その前に
今日はちょっと
片づけてみよう…

70

① 全部出す
② 分ける
③ 場所を決める

たった3ステップだよ!

Before
ぐちゃ〜

たとえばこんな棚も…

② 分ける

① 全部出す

③ 場所を決める↓

お〜〜!!

まずは全部
出してみることで
自分の
持っている物の
量がどれくらいか
わかるよ

こんなに
あったんだ…！

あとはそれを
分類してしまう
場所を決めれば
いいだけ

手紙・
ぬいぐるみ・
ビーズ…

でも私の部屋
物を全部出すと
大変なことに
なりそう…

足のふみばが
ない〜〜〜〜！

そういうときは
まず
「今日は机の上だけ
やろう」と決めて
出すといいよ

それなら
できそう！

片づけの基本
3ステップ！

片づけはむずかしそうに見えるけれど、作業はたったの3つ。
まずは手が届く範囲からやってみよう。

ステップ 1 全部出してみよう

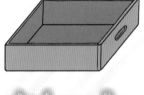

筆箱の中やバッグの中から始めてもOK

余裕がないときは、まず筆箱やバッグの中から整理してみよう。なれたら少しずつ広い範囲も片づけられるようになるよ。

引き出しひとつ分の物を広げてみる

引き出しの中の物をすべて出してみよう。物の量がわかれば減らす気になるし、いらない物がたくさん見つかるかも。

→詳しくは**80ページ**

ステップ2 物を分けていこう

「いる・いらない」から分けていく

いる・いらないに分けて、片づけるべき物を減らそう。そのあと、使う場所別に分けたり、同じジャンルの物ごとに分けたりしよう。

これは気に入っているから「いる」

これはもう小さいから「いらない」

いる

まよう

いらない

➡詳しくは90ページ

ステップ3 収納する場所を決めよう

使うときに便利な場所に置く

しまう場所を決めれば、使ったあとほったらかすことが減るよ。使いやすい場所がどこか考えるのがコツ。

➡詳しくは102ページ

片づけるところの物を全部出してカクニン!

まずは自分が持っている物の量を知ることが大切。机やクローゼットの引き出しひとつ分から、「全部出す」を始めよう。

どこから始める?

目的に合わせて片づけを始める場所を決めてみよう!

集中して勉強したい! ➡
机まわり

ゆっくり本が読みたい! ➡
本棚

大好きな小物をステキに飾りたい! ➡ **棚**

自分が何をどれだけ持っているかを知る

ビニールシートの上に広げて

机の上に広げるか、床にビニールシートなどをしいて広げるといいよ。

引き出しひとつ分でも… こんなにたくさんの発見が！

探していた消しゴムが
見つかった

インクの出ない
ペンがある

使い終わった
電池が出てきた

のりやハサミが
いくつもある

使えないものに「さようなら」する

もう使えないものは処分

インクの出ないペンや折れた定規など、もう使えないものはこの時点で処分しよう。

出した後の棚や引き出しをそうじする

そうじ用ダスターなどを使って

たまった汚れを、そうじ用ダスターやそうじきで取りのぞこう。時間があればぬれぞうきんでふいて、そのあとかわいたぞうきんでひとふきしよう。

分ける作業で片づけマスターに

これがうまくできれば片づけマスターになれるよ！

物を出したら次は分ける作業

が…片づけマスター…！

まずは大ざっぱに

部屋で使う物

プリント

理科

部屋以外で使う物

お家の人に渡す

弟に借りたマンガ

部屋で使う物と部屋以外で使う物に分けよう

分けるコツは
まず大ざっぱに
分けること！

いる
・使っている
・これから使う
・好き

いらない
・使っていない
・使う予定がない
・もう使いたくない
（好きじゃなくなった）

部屋の中で
使う物を
「いる・いらない」
に分けよう

いらないと
思うものは
「さようなら」
しようね

ええっ！
まだ使えるのに
もったいない…

ときには
思いきりも必要！

それに
まだ使える
ものは
リサイクルしたり
フリマに出したり
人にあげたり
すれば
もったいなく
ないんじゃない？

そうか…！

大切にしてね

ありがとう！

とはいえ
すぐに判断できない
ものもあるよね

そういうときは
「まよい箱」を
つくろう

う〜〜ん…

いる　　まよう　　いらない

ただし
定期的に見直して

いらないと
思ったら
「さようなら」だよ

いままで
ありがとう

はーい！

「とっておきたい
けど使わない」物は
写真に撮って残すとか

「1箱分だけ」と
決めて
宝物箱に入れても
いいかもね

パシャ

Trash

次はそうやって
残った物を
アイテムごとに
分けるよ

これもまず
大ざっぱに

趣味の棚に
置く物

机まわりに
置く物

クローゼットに
置く物…と
分けよう

服

ペットボトルおまけ

ぬいぐるみ

勉強セット

ペンたて

文房具

キーホルダー

マンガ

床に
シートをしいて
並べたり

紙袋を並べて
どんどん入れて
いったりすると
ラクチン!

86

さらに今度は

たとえば机まわりに置くものの中でも

シール

ペン類

鉛筆

マスキングテープ

消しゴム

メモ

その他

鉛筆　ノート　プリント…と細かく分けていくよ

もしもここで「文房具が多いな」と感じたら

小さいころあつめてた

キャラ消しゴム

おねえちゃんありがとー！！

これあげる！

う〜ん…

また「いる・いらない」に分けようね

同じアイテムがいくつかあったら

「学校用」「習い事用」と分けてもいいね

学校用

習い事用

鉛筆消しゴム

リビングで宿題をするとき用

ステップ2 いる・いらないを決めて どんどん分けよう

いる物といらない物に分ければ、ものが減って片づけるのがラクになるよ。悩むときは「まよい箱」を作って入れよう。

この順番で分けると整理がカンタン!

次の質問に「はい」「いいえ」で答えてみよう!

それはいる物?　いらない物?

| いる | いらない | 自分の部屋には いらない |

しまう場所は 決まっている?

人にあげたり 手ばなしたりする
→96ページを見てね

元の場所に戻す
（借りた物は返す、
プリントはお家の人に渡す）

決まって いる　**決まって いない**

どこで使うかを考えて グループ分けする
→92ページを見てね

それぞれの場所にしまう

「いる・いらない」の分け方

3つの基準で考えよう！

① 今使っている？
今使っている文房具や、よく着る服は、「いる」物として取っておこう。

② これから使う？
使う予定のある文房具や服は「いる」。使い終わったノートや小さくなった服などは「いらない」。

③ 今も好き？
今は好みが変わって使わなくなった物は「いらない」という判断も必要。

✕ もう使えない物

インクが出ない

ファスナーがこわれた

穴があいた

✕ 使う予定がない物

昔のドリルやノート

小さくなった服

古い手紙

✕ もう使いたくないもの

今は集めていない

もう好みではない

服の好みが変わった

まようときは…

「まよい箱」を作って入れておこう。ただし1か月に1度は見直して、いらないものは手ばなそう。箱から物があふれないようにしようね。

まようもの

→「さようなら」する方法は96ページを見てね

使う場所に合わせてグループ分け

「いる」ものをグループ分けしよう。趣味の棚を片づけているときに机で使う物が出てきたら、いったん紙袋などに入れておくといいね。

文房具や教科書、ノートなど
→勉強のグループ

本やおもちゃ、ゲームなど
→趣味のグループ

服や帽子など身につけるもの
→クローゼットのグループ

これはどのグループ？

のり

勉強でしか使わないなら「勉強のグループ」、工作など手作りをするときに使うなら「趣味のグループ」に。

工作で作った物

鉛筆立てなど、勉強に使える物は「勉強のグループ」、かざりなどは「趣味のグループ」に。

☆ さらにアイテムごとに細かく分けよう ☆

文房具なら「鉛筆」「はさみ」「メモ帳」、趣味の物なら「本」「おもちゃ」
「ぬいぐるみ」などとさらに細かく分けて、物の量を見直そう。

鉛筆が多すぎる

学校用、習い事用、リビングでの勉強用などに分けよう。

はさみが2本もある

机の引き出しと、手作りするときの道具入れなど、分けて入れてみよう。

メモ帳が多すぎる

リビングに置いたり、家族にあげたりしてもいいね。

消しゴムが多い

使えないほど小さい物は手ばなして。新品だけど使う予定がない物は、人にあげよう。

マンガが多すぎてほかの本が棚に入らない

取っておきたいマンガだけ残すか、家族に相談してリビングなどに置かせてもらおう。

これはNG!

分けずにとりあえず収納

物が入りきらなくなって困るかも。めんどうでも分ける作業を続けるうちに、「いる・いらない」の判断が早くなるし、物を大切にする気持ちがわくよ。

「いる・いらない」に迷ったときは

レッスン 1

使わないけれど捨てたくない物って、あるよね。そんなときは写真に撮ったり思い出箱に入れたりして保存しよう。

写真に撮って保存する

5年生のとき

作品

1か月など期間を決めてかざり、その後は写真に撮って手ばなそう。何歳のときの作品かわかるようにして、作品アルバムを作るのもいいね。

服や小物

体に服をあてたりして写真を撮ろう。ぬいぐるみや小物も手に持って撮影すると、あとで見返したときに思い出として楽しめるよ。

プチテク

アルバムにまとめると素敵な作品に!

ポストカードサイズのアルバムなどに写真を入れて、作品のタイトルや日付をメモした付せんをつけると、作品集のように見返すことができるよ!

「思い出箱」に入れる

思い出の手紙や通知表

丈夫な箱に入れて保存しよう。箱の外側に、何が入っているか書いておこうね。

⚠️ **注意**

箱はひとつだけにしよう

箱を増やしてしまうと、どんどん物が増えるし収納場所に困ってしまうよ。

1年に一度は見直そう

いらない物を定期的に手ばなせば、新しい思い出の物を入れられるよ。

ファイルに整理する

プリントやテスト結果など

あとで見やすいようにクリアブックなどに入れよう。教科ごとにファイルすると、必要なときに見やすいよ。学期が終わるごとに、いらない物に「さようなら」しよう。

すぐできテク

とにかくどんどん入れるだけ！

ファイルボックスを横置きにしてどんどん重ねていこう。いっぱいになったら、下の古いプリントから捨てていくといいよ。

いらない物と「さようなら」する方法

「まだ使えるのにもったいない」と思うと、どんどんいらない物が増えるよね。
いろいろな手ばなす方法を考えてみよう。

☆ ゆずる・リサイクル・捨てる方法 ☆

きれいな物なら誰かにあげる方法を考えてみよう！

ゆずる

きょうだいや親せき、友だちなどにあげたり、寄付をしたりしてみよう。

リサイクル

フリーマーケットやインターネットオークションに出してみよう。お金のやりとりがあるので必ずお家の人と一緒にね。

捨てる

汚れたりこわれたりして、どうしても人にあげたり売ったりできない物は、「ありがとう」の気持ちを込めて捨てよう。

ポイント　ぬいぐるみや人形を捨てるのをためらうときは、近くのお寺や神社で供養してくれることもあるよ。

☆ゆずったりリサイクルしたりする前に☆

ほかの人に渡す前にカクニンしておきたいことをチェック！

ぬいぐるみや人形

まだ使える？

中の綿が出ていたり、ボタンが外れたりしていないかチェック。こわれた物は人にゆずらない。

汚れはなくきれい？

ぬいぐるみは一度洗ってきれいにしよう。人形は汚れをふきとって。

服や小物はついている？

着せ替え用の服やバッグなどの小物があれば、一緒にあげよう。

おもちゃや本

カードはすべてそろっている？

トランプやかるたなどは1枚でも欠けていると遊べないよ。箱がきれいかもチェックを。

パズルは全ピースある？

1ピースでも欠けていたら、ダメ。あげるときは箱などに入れてね。

本は読める状態？

ページが抜けていたり読めないほど汚れていたりしない？ シリーズものなどで巻がそろっていない場合は正直に伝えよう。

洋服

まだ使える？

穴が開いていたり、すそがほつれていたりしないかチェック。

下着ではない？

ショーツやブラをゆずるのはやめよう。くつ下や水着も、使ったものをいやがる人が多いので気をつけて。

汚れはなくきれい？

ゆずる前に、必ず一度洗たくをするかクリーニングに出そう。小さな汚れがあれば正直に伝えて。

片づけは場所を決めればゴール

物を全部出して分けられたら最後に場所決めだよ

あの本どこ〜

あれ〜？

私…棚のどこに何を入れたかすぐわからなくなるんだよね

そうすると使いたいときに見つからなくなるんだよね！

お〜〜い

ホッチキスどこだ〜〜？？

そうそう

だから全部机の上に置いちゃう！

98

それは場所を決めていないからだね

場所さえ決めれば物を出してもすぐにしまうことができるから散らかりにくいよ

ファッション誌はここに……と

スッ

ひびきちゃんは忘れ物が多くて困ってるんだよね

宿題持っていきわすれ
プリント渡してない
etc

算数

保護者のみなさんへ
担任

は…
はい

もしかして机の上に学校の道具以外の物も置いていない？

どきっ

しまう場所を決めれば ゴールは近い！

物の置き場所が決まると、しまうのがラクになり、部屋が散らかりにくくなるよ。よく使う物と、そうでない物は、分けて収納しよう。

グループごとに場所を決めよう

しまう場所に対して物が多いと感じたら、もう一度「いる・いらない」を考えよう。グループ分けした物を「今すぐ使う物」とそれ以外に分けておくと、場所決めがラクになるよ。

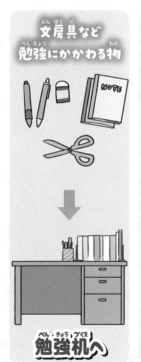

文房具など 勉強にかかわる物

↓

勉強机へ

本やおもちゃ、 ゲームなど

↓

趣味の棚へ

服や帽子など 身につける物

↓

クローゼットへ

使い方で場所を決めよう

棚の場合

一番目立つ上の段
かざっておきたい物や軽い物

取り出しやすい中段
よく使う物や少し重い物

取り出しにくい下の段
あまり使わない物や重い物

プチテク　物をすきまなく詰め込むと取り出しにくいし、しまうのがめんどうになるよ。ゆとりを作ろう。

引き出しの場合

取り出しやすい上の段
ふだんよく使うものや軽い物

中段
ときどき使う物

下の段
あまり使わない物や重い物

奥は取り出しにくいので、あまり使わない物を入れる

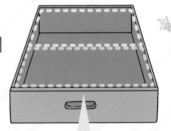

取り出しやすい手前には、よく使う物を入れる

おまけレッスン 片づけの週間スケジュールを作ってみよう

短い時間でも毎日こつこつ片づけていれば、いつのまにか部屋がきれいになるよ！

月

- 机の上を片づける（10分）

週の始まりは無理せずちょこっと

火

- お休み

学校が長い日や習い事がある日は無理しないで

水

- 服を片づける（30分）

早く帰れる日はちょっとがんばってみよう

木

- おもちゃ箱を片づける（15分）

ゴミの日の前日などにいらないものを見直そう

金

- 本棚を片づける（15分）

古紙回収日の前日にするといいね

土

- 机の引き出しを片づける
- 趣味の棚を片づける（1時間）

午前中にがんばって午後は遊びに行こう

日

- 布団を干す
- シーツをあらう
- ほこりを取る
- そうじきをかける
- 玄関のそうじ
- ろうかのそうじ
- 時間があればもようがえ♡

おうちのひとと相談しながらどれをするか選んで一緒にやるといいね

PART 3

自分の部屋を片づけよう

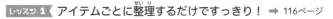

趣味の物を
片づけよう

次の日曜日——

こんにちは——!

い…
いらっしゃい！

ちょ
ちょっと
散らかってる
けど…どうぞ〜

おじゃま
しまーす

おねがいします

や…
やっぱり
スゴイ
…！

さぁ〜！
やるよ！

とにかく物が
多すぎる！

まずは
いる・いらないに
分けるよ〜

ひぇぇ…

お…
お手やわらかに
お願いします

じゃあまず
箱を3つ
用意して！

ビニールシートも
あればお願いね！

は…はい！

ひ…
人が
変わった？

108

こんもり

ちょん…

いる

いらない

まよう

どっさり！

★ 数分後…

え…と
手紙はいるし
このバッジも
いる

これも…

いる

うーん…

ふうかちゃん
バドミントンの
ラケットは
部屋に置いて
おくもの？

い…いえ
玄関の物置きに
しまい忘れて…

もともと
あった場所

この
つめ切りやなんこう
日焼け止めは
ふうかちゃんの？

SUN CUT
SPF50

あ…
リビングや洗面所に
戻さなきゃ

…………

手作りのアクセサリーも大量にあるけど今もつけたいのはどれ？

これと…

これと…

むかし好きだった物もだんだん自分の好みに合わなくなるよね

だから「今好きな物」を定期的に見直すのは大事だよ

残ったのは5つ

★ 1年生のころ ★

はい…！

それからこの手紙やぬいぐるみはもう一度読むことある？

……

…でもふうかちゃんにとって思い出のつまった「大切なもの」なんだね

コクン

じゃあ本当に残したい物だけ取っておいてあとは写真に撮るのはどう？

ぬいぐるみは捨てずにフリマとかに出すといいと思うよ

ぱぁ…

よし！次はステップ③「物をしまう場所を決める」

ふうかちゃんはこの棚をどんなふうにしたい？

大好きな小物をかわいくかざりたい！

それにベッドのぬいぐるみも本当は棚にかざられるといいな

よし！じゃあ分けたアイテムをしまう場所を決めよう

軽い物は上重い物は下がいいよ

ぬいぐるみは棚の上

一番上の段はこの小物にして

一番下はマンガと本かな…

あ…あれ？入りきらない〜

手作りキットやレターセットはすぐ出せる位置がいいから真ん中の段…と

うん カンペキ！

マンガや本は棚に入るだけにして増えたらなるべく手ばなそう

ぎゅうぎゅうに詰め込むとしまえなくなってまた散らかっちゃうよ

たしかに…

ぎっちり

上につんじゃったり…

もう読まない古い本はリサイクル

雑誌は気に入ったところだけスクラップするといいね

奥に背の高い本を置いて手前に背の低い本を置けば置き場所も増えるよ

お～

ビーズなどのこまかいものはプラスチックケースやファスナーバッグに入れると便利！

すっきりした～

いずみさんありがとう～！

アイテムごとに整理するだけですっきり！

おもちゃや本やぬいぐるみやハンドメイドセットなど、趣味のものがいっぱい詰まった棚を整理して、すっきりした理想の棚をめざそう。

かわいくない NG! の棚

NG!
棚からはみ出している

NG!
重い物が上の方にある

NG!
本があちこちに散らばっている

NG!
物をただ雑に積んだだけ

NG!
こまかい物が整理されずつっこまれている

手づくり
ぷにぷに

NG!
本が横積みになっている

NG!
すき間に本を詰め込んでいて下の本が取れない

NG!
棚に入りきらず床にあふれている

スッキリかわいい OK の棚

OK
軽い物が上にある

OK
同じジャンルの物がまとまっている

OK
目につきやすいところにすてきなかざりがある

OK
こまかい物はカゴなどに入れて整理されている

OK
本は高さ順に取り出しやすく並べられている

OK
物がきちんとおさまって棚の回りがすっきりしている

OK
重い物やあまり使わない物が下の段にある

1段ごとにアイテムを分けよう

本とおもちゃとぬいぐるみがごちゃまぜに入っていると、見た目が悪いし探すのが大変。
1段ごとにアイテムを分けるとすっきりするよ。

趣味の物を分ける！

趣味の物も片づけのステップに沿ってまずは分けてみよう！ 作品や迷う物の保管のしかたも参考にしてね！

いる・いらない診断チャート

次の質問に「はい」「いいえ」で答えると、決めるのがカンタンになるよ！

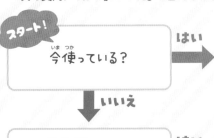

スタート！

今使っている？ →**はい**→ 場所を決めて片づけよう
➡92ページを見てね

↓**いいえ**

今後使うことがありそう？ →**はい**→ 箱などに入れて日付と中身が何かを書いて保管

↓**いいえ**

取っておきたい？ →**はい**→ 一定期間かざったり写真に撮ったりして記念に残してから「さようなら」を

↓**いいえ**

「さようなら」しよう

迷ったときは？

友だちとの手紙はどうする？

もらった手紙は捨てたくないよね！ 上手な整理と保存のしかたを教えるよ。

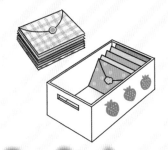

残したい物だけ取っておく

もう一度読んで「これは取っておきたい」と思うものだけ保存しよう。住所だけが必要ならアドレス帳などに書き写して。

プチテク

クリアブックに保存

便せんを封筒から出してクリアブックに入れれば、すぐに手紙を読み直せるよ。だれからもらったかわかるよう封筒も一緒に入れよう。

自分の作品はどうする？

図工の時間にかいた絵や夏休みの自由研究などは、写真に撮ってから「さようなら」しよう。

一定期間だけかざる

作品をかざる場所を決めて、一定期間かざって楽しもう。新しい作品が増えたら入れ替えるといいね。

写真に残す

かざり終わったら写真に撮って残そう。作った学年や日付もわかるように撮っておくといいよ。

小物は目的ごとに分ける！

ハンドメイドセットやお絵かきセット、マスキングテープやシールなど、趣味のものには小物がいっぱい。片づけやすく出しやすい方法を考えよう。

まずは使う目的ごとに分けよう

トランプやゲーム類を同じ箱に入れたり、手紙セットに鉛筆やペンを入れたり、目的別に物をしまうと使いやすく片づけやすいよ。

お絵かきセット

自由帳と色鉛筆やクレヨンなどをセットにしておこう。

手紙セット

レターセットのほか、シールや切手、ペンもセットにしておくと便利。

ハンドメイドセット

材料や道具をひとまとめにしておこう。こまかい材料は仕切りケースに入れてね。

おしゃれセット

リップなどのプチメイク道具や身だしなみセットは専用の箱やポーチに。

こまかい物はこうやって片づけ！

ビーズなどは… 仕切りケースに

色や形ごとに分けて入れられるから、作業がしやすいよ。ビーズは大きさによってケースを変えると片づけやすくなるよ。

マスキングテープは… 専用ケースに

100円ショップなどにはいろいろな専用ケースがあるよ。自分が持っているテープの量に合わせて、使いやすいものを選ぼう。

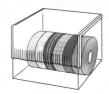

作りかけのものは… 透明な小分け袋に

中身が見えるから、忘れずにまた作業に戻ることができるよ。作りかけのパズルのピースを入れるのにも便利。

シールや切手は… クリアブックに

はがきを入れる小さめのクリアブックに、種類や金額ごとに分けて入れておけば、使いたいときにすぐに必要なものが探せるよ。

プチテク

食品用ラップケースでマステ収納

使い終わったラップ芯にマステを通して…

ラップケースに入れるだけ。フタをしめればマステをカットできるよ。

ケースをマステでデコるとかわいい！

本棚は3つのルールできれいになる！

小説やマンガ、雑誌のほか、ときどき使う百科事典や思い出の絵本など、大切な本を上手に片づけよう。

本棚の3つのルール

ルール1 軽い本を上に

落ちてもあまり危なくない軽い本は上の段に。表紙を見せてかざったり、月ごとに本をかえたりしてもいいね。

ルール2 よく読む本は取り出しやすい高さに

何度も読む本は、探しやすく取り出しやすい高さの段に入れるといいよ。

ルール3 重い本は下に

落ちると危ない重い本は、必ず下の段に。本棚も安定するよ。

本を入れるときのポイント

高さ順にするときれい

本をジャンルごとに分けたら、あとは高さ順に並べると、見た目がきれいになるよ。

余裕をもって入れる

スムーズに本をしまえるよう、本と本の間に余裕をもたせよう。

借りた本は別の場所に

自分の本とごちゃまぜになると、見つからなくなることも。カゴなどに分けておこう。

これはNG！

ぎゅうぎゅうに詰め込む

無理に本を詰め込むと、本を取り出しにくくなるし、片づけるのがめんどうになるよ。

本を積み重ねる

いったん本を積みだすと、どんどん上に積んでしまい、下にある本が取り出せなくなるよ。

プチテク

本立てやブックエンド、ファイルボックスを活用

仕切りができると本が倒れなくなるし、適度なすき間もできるから、本の取り出しや片づけがラクになるよ。

趣味の棚を
おしゃれに見せよう！

いろいろなものが入った趣味の棚は、カラフルでどうしてもごちゃごちゃして見えるもの。箱やカゴを使いながらすっきり見せよう。

大好きな小物を
かわいく
かざりたい！

それにベッドの
ぬいぐるみも
本当は棚に
かざれるといいな

よし！
じゃあ分けた
アイテムをしまう
場所を決めよう

軽いものは上
重いものは下が
いいよ

ぬいぐるみの収納アイデア

カゴなどに入れて置く

床や棚にそのままならべるより、カゴや箱に入れた方が、ほこりがつきにくくそうじもしやすいよ。

トートバッグに入れてつるす

浅めの大きなトートバッグやかごに入れてつるせば、部屋のインテリアにもなるよ。

これはNG！

ぬいぐるみを重ねない

人形やぬいぐるみを積み重ねると、なんだか苦しそうに見えるよね。積み重ねずに大切に収納してあげよう。

棚の小物をおしゃれに収納するコツ

ポイント1 なるべく色もそろえる

色が多いとごちゃごちゃして見えるよ。好きなテーマカラーを決めて、なるべく同系色でそろえよう。

ポイント2 収納グッズをおそろいにする

同じデザインの収納グッズをならべるとすっきりするよ。入れるものに合わせて、収納グッズを選ぼう。

プラスチック製のカップや容器

ヘアピンやキーホルダーなどのこまかいものは、100円ショップなどで売っている透明なプラスチック製のカップや容器に入れよう。ガラスは危ないからやめようね。

中身の見えないケース

ハンドメイドの材料や人からもらった手紙は、透明ケースに入れるとごちゃごちゃして見えるよ。中身の見えないプラスチックケースやカゴに入れてラベリング※をしよう。

ふたつきの箱

使い終わったドリルやノートなど、めったに使わない重い物は、ほこりが入らないようにふたつきの箱に入れてラベリングをするといいよ。

ワイヤーバスケット

借りた本や読みかけの本など、外から見えた方がいい物や、大きめの物を入れるのがおすすめ。トランプなどのおもちゃや、ポーチを入れても。

※ラベリング…マスキングテープなどに中身の名前を書いてケースに貼ること。

部屋の机を
片づけよう

ふうか
そのヘアピン
もしかして
手作り？

そう！
昨日作ったの

部屋が
きれいに
なったから

ストレスなく
手作りが
できる
ようになったんだ！

5-1

126

やりたいことが
すぐにできるし

作ったものを
しまう場所も
できたし

部屋にいるのが
すっごく
楽しくなったよ！

ピカー

すごい…
部屋が
片づくだけで
こんなに
変わるんだ…

ニコ
ニコ

私もびっくり！
今度の日曜は
ひびきの家で
片づけだよね

うん！
なんだか楽しみに
なってきた！

ゲーム機

トイカメラ

初動

腕時計　ぬいぐるみ　マンガ　etc

趣味の物は
棚に置いて
机まわりは
勉強の物だけに
しましょう!

机のそばに
趣味の
棚があると

勉強のときに
目移りしちゃう
から

カーテンで
かくすと
いいよ!

さあ!
じゃあ
「全部出す」を
始めよう

出すときに
勉強で使う物と
それ以外の物を
ざっくり分けておくと
あとがラクだよ

まずは
机の上からね

はい!

次は
引き出し!

はい!

次は…

はい!

130

これもこれも日付がすごく古いよね

プリント

いつもママに提出期限を過ぎてるって怒られる…

ママ〜あのこれ〜

きのう提出だったの!?

エッ!?

プリントを出し忘れないように

ひびきちゃんはリビングにバッグの一時置き場を作って

自分の部屋に行く前にプリントを出すくせをつけるといいね

なるほど！

期限が切れているプリントは捨てて取っておく物はファイルしよう！

めんどうなら専用のカゴに入れるだけでもいいよ

ひびき学校

ひびき〜鉛筆がこんなにあるけど…

どっさり

132

次は学校の物をしまう場所を決めよう

いくつかポイントがあるよ

机の上には教科書や辞書を立てて置こうね

すぐ宿題ができるようによけいな物は置かないこと！

ドキッ

正面にある引き出しは文房具を入れると座っているときに取り出しにくいから

毎日使う文房具はペン立てに入れるか一番上の引き出しに入れれば

すぐ勉強する気になれるよ！

やりかけの宿題をしまえるようふだんはなにも入れないのがおすすめ

計算ドリル 5

ほぉ〜！

134

机の上には勉強グッズだけ！

机が物置きになっていない？　一度物を置くと、どんどん上から置いてしまうから、まずはきれいにリセットしよう！

落ちつかない NG! の机

NG! 本がバラバラに入っている

NG! 大切なプリントがほうり出されている

NG! 勉強に関係ない物でいっぱい

NG! 通学バッグが床にほうり出されている

NG! 引き出しがしまらない

NG! 引き出しの中が整理されていない

すっきりきれい！OK の机

OK
本が立ててあり
取り出しやすい

OK
文房具がすぐに
手に取れる

OK
机の上が
すっきり
している

OK
バッグがきち
んとかけられ
ている

OK
引き出しの中が整理されている

OK
引き出しがきちんとしまる

机の上で必要な物だけを置く

勉強や工作、手紙を書くなど、机の上で作業するために必要なものは机まわりに収納
して、それ以外は別の場所に。いすに上着や洗たく物を置くのもやめようね。

レッスン7 机まわりのアイテムを分けよう

机を片づけるときには、引き出しひとつ分ずつ中身を出して、分ける作業をするといいよ。たくさんある文房具は人にゆずるといいね。

いる・いらない診断チャート

次の質問に「はい」「いいえ」で答えて整理してみよう！

勉強や机の上で作業するときに使う？

→ いいえ → **使う場所に戻す**

↓ はい

今も使える？

→ いいえ → 書けなくなったペンや目盛りの見えない定規などは手ばなそう。使い終わった教科書やノートはファイルボックスなどで保管して。
➡143ページを見てね

↓ はい

気に入っている？

→ いいえ → きれいなものなら、人にあげたりリサイクルに出したりしよう。
➡96ページを見てね

↓ はい

しまう場所を決めよう

☆捨てたくない文房具がたくさんあるときは☆

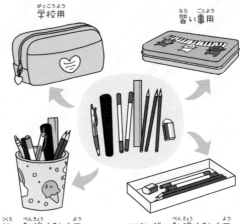

学校用

習い事用

机で勉強するとき用

リビングで勉強するとき用

学校用、習い事用 などに分けて

すべてを引き出しにしまうと取り出しにくくなるよ。ペンケースやトレイに分けて入れて、リビングなどに置こう。

プチテク
まだ使えるノートはメモ帳に

白紙のページが残ったノートを捨てるのはもったいないよね。メモ帳を作るのがおすすめだよ。

❶白紙の部分を切り取り、さらに好きな大きさにそろえて切る。

❷クリップでまとめる。

「明日は机の片づけ」など、することを書いて机に置いておくと便利だよ。

これはNG！

引き出しいっぱいに ものを詰め込む

「詰め込めば入るから」と物を整理しないと、使いたい物が取り出しにくくなったり、片づけにくくなったりするよ。引き出しの中には余裕を作っておこう。

引き出しは上手に使い分けよう！

レッスン 8

引き出しになんとなく物を入れてない？ じつはそれぞれ使いやすくなる工夫があるよ。

引き出しのおすすめの使い方

いすの前の引き出し

いすに座ると開けづらい引き出しなので、文房具などは入れないのがおすすめ。やりかけの宿題や、夏休み中の課題をいったん入れておく場所にしよう。

一番上の引き出し

座ったまま引き出しやすいので、よく使う文房具を入れよう。

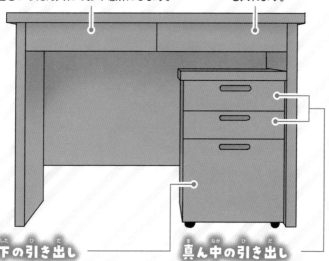

一番下の引き出し

高さがあるので、ときどき見返すかもしれない古い教科書やノート、ドリルなどを立てて入れよう。

真ん中の引き出し

セロハンテープなどたまに使う文房具やメモ帳などを入れよう。レターセットなど、勉強以外で使う物を入れるのもおすすめ。

手前によく使う物を入れよう

奥には予備を入れておこう。

シャープペンの芯やホッチキスの針など、めったに使わないものは奥に。

アイテムごとに分けてトレイに入れよう。

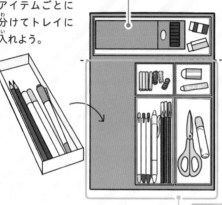
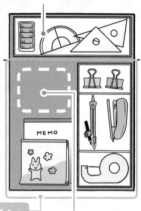

よく使うもの

ポイント

ぎっしり入れずにすき間をあけておくと、物が取り出しやすいし、新しい物が増えても困らないよ。

プチテク

持ち運ぶものは透明バッグに収納しても

勉強や手紙を書く作業を部屋とリビングの両方でする人は、道具をまとめて透明バッグなどに入れると、持ち運べて便利だよ。バッグは一番下の引き出しに立てて収納しておくと取り出しやすいね。

レッスン 9

机のまわりが片づく 3つのポイント

デスクライトや教科書などの必要な物以外は置かないのがおすすめ。机の上がシンプルだと、勉強中に気が散るのを防いでくれるよ。

ポイント 1 教科書は科目ごとに立てる

きき手と反対側にデスクライトを置くことが多いから、本立てはきき手側に置こう。手の届きやすい手前に、よく使う教科のものを置くと便利。

教科書とノートを分けずに、教科ごとにセットにすると、勉強も明日の準備もラクになるよ。

辞書は本棚よりも机の上に置く方が、すぐに調べものをしたいときに便利。

本立てがないときは

ブックエンドをならべて使おう

ファイルボックスをならべて使おう

どちらもたくさん入れすぎると倒れるので、小分けにして入れよう。

ポイント2 ペン立ては自分に合ったものを

文房具を引き出しではなくペン立てに入れて机の上に置くときは、
自分に合った使いやすいものを選ぼう。

分けないタイプ
仕分けを気にせずポンポン片づけられる。

ざっくり分けタイプ
ペンと道具を分けて入れられて便利。

ななめ入れタイプ
スペースをとらず、ペンを取り出しやすい。

これはNG!

どのペン立ても、ぎゅうぎゅうに物を入れると取り出しにくく片づけるのがイヤになるよ。毎日使う物だけ入れて、それ以外は引き出しにしまおう。

ポイント3 プリントはトレイで分ける

毎日学校でもらうプリントは、ほうっておくとどんどんたまるから、すぐに分けるのが大事。机やリビングに浅めのトレイを置いて、たまる前に整理をしよう。

期限があるもの

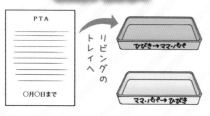

家の人に渡すプリントはリビングのトレイへ。家の人から返されるプリントを入れるトレイもあると、さらに便利。

それ以外のプリント

時間がないときはいったん机の上のトレイに入れよう。たまる前に目を通して、いらない物は捨てよう。

学校で使う物はまとめて置こう

机のそばには、学校や勉強で使うものを入れた棚を置いておくと、準備するときなどに便利。使いやすいように整理して物を入れよう。

学校の物を置く棚を決めよう

通学バッグを置ける大きさの棚がおすすめ。学校があるときと、長い休みのときとで、中に入れる物を入れかえると使いやすいよ。

★ ふだんは… ★

上の段
通学バッグや、月曜日に持っていく体操服やランチョンマット、上ばきなどを入れておく。

下の段
習い事のバッグや、毎日は使わないものを入れる。ほこりがつかないようカゴなどに入れるのがおすすめ。

★ 長い休み中は… ★

上の段
習い事などで毎日使うバッグと、持ち帰った教科書やノートなどを入れておく。休み中も使う物は、机の上の本立てに置こう。

➡142ページを見てね

下の段
しばらく使わない通学バッグや書道バックなどを入れておく。

使い終わった教科書やノートを収納する

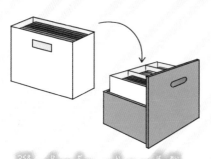

机の引き出しに入れる場合

横向きに入れられるファイルボックスに収納して、一番下の引き出しに入れよう。

棚に入れる場合

たて向きに入れられるファイルボックスに収納して、棚に立てて置こう。

プチテク

ボックスを反対向きにするとすっきり!

教科書やノートの背表紙が見えると、棚の中がごちゃごちゃして見えるよね。ファイルボックスを反対向きに置くとすっきりするよ。ボックスにはラベリング(125ページ)をしておこう。

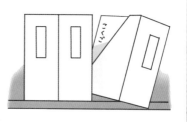

棚を置くスペースがないときは

カラーボックスを横にして机の下へ

「サイズが合うか」「座ったときに足のじゃまにならないか」を確かめてから、カラーボックスを置こう。見えにくいから、定期的に整理してね。

寝る場所も片づけよう

おはようございまーす

お、伊藤おはよう
最近は遅刻ギリギリじゃないな

宿題もバッチリです!

えへへ

おー!

部屋と机が
すっきりしたら
なんか頭も
シャキッとしてさ

どこに何があるか
わかるから
物を探さなくていいし

プリントもすぐ
渡すようにしたから
ママにも
ほめられたよ！

ガラッ

最近
忘れ物も
全然ないもんね！

ママ
きょうのプリント！

みんな部屋が
きれいに
なったから

明日は
いずみさんを呼んで
お茶しよー！

すごーい！

たのしみ♪

いずみさん
たくさんほめて
くれそう〜！

それは…
どうかな…

自分の部屋がきれいになるとうれしいね!

あ〜…

ワチャ…

…3人とも棚や机やクローゼットはきれいになったけど…

けど…?

もう1か所大事なところを忘れてるよ

・・・・?

それは…
寝る場所！

ぬいぐるみや本が
いっぱい…

パジャマ
ぬぎっぱなし…

かけ布団
はだけたまま…

部屋の中でも
ベッドは目立つ
場所

ここが
散らかっていると
だんだん部屋も
汚くなるよ

ベッドも
片づけられたら
みんな
カンペキ！

毎日きれいに
しておこうね！

はい！

ベッドまわりも忘れずに！

部屋のなかで一番目立つ場所はベッド。ここが汚いと部屋の印象も悪くなるよ。清潔感を大切にしよう。

ベッドは毎日きれいにしよう

布団がめくれていたり、シーツがはがれていたりすると、だらしなく見えるよね。気持ちよく眠りにつくためにも、毎日ととのえよう。

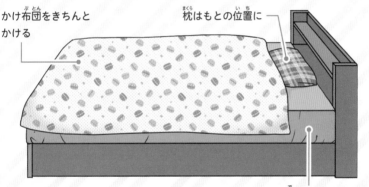

かけ布団をきちんとかける

枕はもとの位置に

シーツがはみ出ていたらととのえる

起きてしばらくは布団をめくっておく

起きたばかりの布団の中は湿気がこもっているから、すぐにかけ布団をかぶせるとカビやすくなるよ。かけ布団をめくり、湿った空気を逃そう。朝の準備をしている間にかわかして、出かける前にベッドをととのえてね。

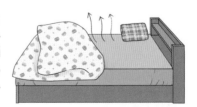

パジャマは軽くたたんでおこう

ベッドの上にパジャマを脱ぎっぱなしにするのはだめ。
軽くたたんでベッドの上に置くか、かけ布団の中に入れておこう。

すぐスゴテク

たたむのがめんどうな場合は、くるっ
と丸めてカゴなどに入れておこう。

布団のたたみ方

かけ布団も敷布団も干して湿気を逃してから片づけよう。

敷布団は
三つ折りに

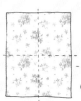

かけ布団や
毛布は
四つ折りに

枕を置いて
ひとまとめに

プチテク

枕の上にタオルをかける

夜は枕にかけて…

翌朝に洗たく

顔の汗がつく枕カバーは毎日替えたい
もの。カバーの上に清潔なタオルをか
ければ、カンタンに取り替えられるよ。

「片づけが終わらない!」はこれで解決!

「片づけよう!」とやる気になったのはいいけれど、途中でほかのことに気が向いたり、飽きたり疲れたりして中途半端になっちゃうときがあるよね! そうならないための方法を教えるよ!

「片づけタイム」を決めよう！

一度に全部片づけようと思わずに、タイミングを分けて、少しずつ片づけてみよう。おすすめの「片づけタイム」を紹介するから、ぜひ参考にしてみてね！

おすすめの「片づけタイム」と片づけかた

毎日
- ✓ 使ったらしまう
- ✓ 寝る前に5分だけ片づける

週末や雨の日
- ✓ どこか1か所を決めて片づける

月に1回
- ✓ いらなくなった本やおもちゃを整理する

学期の終わり
- ✓ いらなくなったプリントやドリルを整理する

季節の変わり目
- ✓ 衣替えをしながらいらなくなった服を手ばなす

1年に1回
- ✓ 使わないドリルやノートを手ばなす

あ、あの…

途中で飽きちゃったり時間切れになった場合はどうすれば…

そんなときは次のページを参考に！

153

☆「ちょこっと片づけ」をやってみよう！

出したらしまう

使ったらすぐもとの場所に片づける習慣が身につけば、部屋が散らかりにくくなるよ。

目につくところを片づける

「寝る前に机の上だけきれいにする」などと決めよう。目に見えるところがきれいになっていると、翌朝も気分がいいよね。

☆いったん箱などに入れて週末に片づけよう！

こまめに片づけるのが苦手な人は、いったん箱やカゴに物を入れておこう。物が1か所にまとまっていれば、とりあえず床や机の上が散らかるのを防げるよ。週末に必ず中身を片づけようね。

今週中にやろう！

目につくところに置いてすぐまた始められるようにしようね！

PART 4

部屋をイメージチェンジしよう

部屋に入ったときにテーブルに作りかけのものがあるとつい手作りを始めちゃうよね

あと勉強中にとなりの趣味の棚に目が行ってしまわない？

そうなんです〜！

たとえば家具をこんなふうに動かすと変わるかも！

なるほど〜

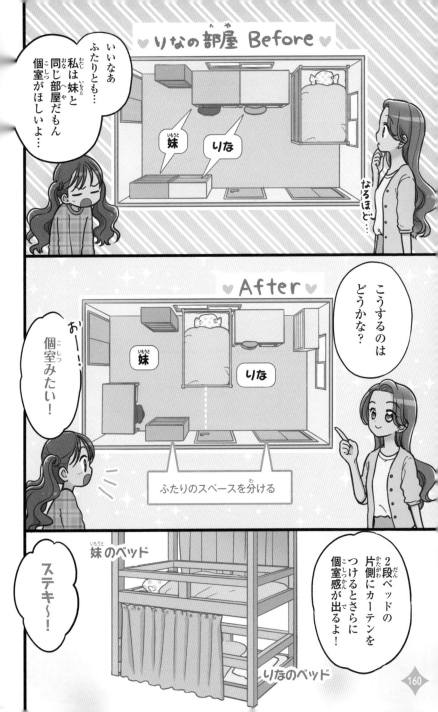

どんなイメージの部屋にしたい？

なりたい部屋のイメージが浮かばないときは、質問に答えて、
当てはまる ☐ にチェックを入れてね。
結果を見ると、あなたの希望に近い答えが出るかも！

☐
白やブルーなどの
さわやかな色が
好き！

☐
ピンクやラズベリー
などのはなやかな色が
好き！

☐
花柄やハート柄など、
ロマンチックで
かわいい柄が好き！

☐
ベージュやブラウン
などの落ち着いた色
が好き！

☐
葉っぱなどの
モチーフが好きで、
観葉植物を
飾りたい！

☐
星や月の柄など、
シンプルですっきりした
モチーフが好き！

☐
デニム柄や
スチール製のものなど、
かっこいい素材が好き！

☐
ふわふわ、
もこもこしたやわらかい
素材が好き！

☐ のチェックが一番多かった質問
ボックスの色は何色？　あなたにお
すすめの部屋タイプがわかるよ！

茶色が多かった　**ナチュラル系**

ピンクが多かった　**ガーリー系**

青が多かった　**さわやか系**

それぞれの部屋については、
次のページで詳しく紹介するよ！

※チェックが同じ数だった場合は、
　当てはまったすべてのタイプを見てみよう。

☐
木目調の素材や、
かごなどが好き！

部屋のイメージを変えてみよう

雑誌やインターネットなどで、あこがれの部屋のイメージを探してみるのもおすすめ。

ナチュラル系

白
（ベージュ）

×

茶色や
緑系

リメイクシートを
活用して木目調に
→172ページを見てね

小さめの柄のシン
プルなカーテン

かざるものでい
ろどりをプラス

白系の収納グッズ
でそろえる

茶系の収納グッズ
でそろえる

フェイクグリーンな
どを置いてさし色に

ガーリー系

白 × ピンク系

はなやかでかわいらしい
アイテムをかざる

うすいピンクと
濃いピンクを組
み合わせる

シンプルな白の
ケースにシールな
どでアクセントを

さわやか系

白 × ブルー系

デニムっぽい
リメイクシー
トで変身

かざりもブルー
にしてポップに

ストライプ柄
がおすすめ

スチール製の収納
グッズがおすすめ

レッスン2 使いやすい位置に家具を置きかえよう

大きい家具をひとりで動かすのはキケンだから、家の人に手伝ってもらってね。必ず部屋が片づいた状態で始めよう。

家具を置きかえるメリット

部屋が使いやすい

立ち上がらないと取れなかった物が、座ったまま取り出せるなど、使いやすくなるよ。

気分転換になる

部屋の雰囲気ががらりと変わるので、新鮮な気分になりストレス解消にもなるかも。

おそうじが行き届く

ずっと動かしていない家具の裏にはほこりがいっぱい。この機会にきれいにおそうじしよう。

⚠注意 もよう替えを始める前に

家具の長さをはかっておく

「家具がすき間に入らない」というトラブルがないように、事前に家具の長さや部屋の長さをはかって予測をしよう。

家具の中はからっぽに

物を入れたまま家具を動かすと、重くて動かしづらいし、床に傷がつくことも。めんどうでもすべて出してね。

プチテク

背の高い家具を横にしてみるとイメージが変わる！

いつもはたてに使っているカラーボックスを横にするだけでも、イメージチェンジできるよ。

窓をふさぐ

外からの光が入らないと、部屋の中が暗くせまく見えるよ。どうしても置きたいときは、光を通す透明のものを少しだけにしよう。

高い家具を部屋の中央に置く

仕切り代わりに本棚などを部屋の中央に置くと、入り口から奥が見通せず、部屋がせまく見えるよ。倒れるキケンもあるからやめよう。

部屋の色を変えてみよう

レッスン3

たとえ家具の位置が変えられなくても、部屋のイメージカラーを変えるだけで、雰囲気が変わるよ。

☆ カーテンとベッドカバーの色を変える ☆

部屋の中で一番広い部分を占めるカーテンとベッド（布団）カバー。このふたつの色を変えるだけで、部屋のイメージががらりと変わるよ。

BEFORE

かわいい感じから

AFTER

一気に大人っぽく！

ポイント

カーテンとベッドカバーは2色ずつ用意して、洗たくのたびに変えてもいいね。

プチテク

カーテンとベッドカバーは同系色に

ふたつの色がバラバラだったり、どちらも柄ものだったりすると、ケンカして部屋がごちゃごちゃした印象になっちゃうよ。なるべく同系色にして、柄はどちらか一方だけにしよう。

部屋の色は3色くらいでまとめる

部屋の色は白やベージュを基本に、3色くらいでまとめるのがおすすめ。

プチテク

夏は涼しい色、冬はあたたかい色がおすすめ

青や緑などの色は涼しく感じるので、夏におすすめ。赤やオレンジなどの色はあたたかみを感じるから、冬におすすめだよ。

カーテンとリメイクシートで棚をチェンジ

棚をイメージチェンジするのは実はとってもカンタン。100円ショップで買えるカーテンやリメイクシートを活用しよう。

ミニカーテンを作ろう

棚の幅や高さに合わせて布の長さをしっかりはかってから取りつけよう。

カンタン！ ピンでとめるだけ

まず両端をピンでとめてから等間隔でピンをとめていこう。

⚠️ **注意**

とめるところが少ないとカーテンが取れることがあるよ。10cmくらいの間隔でとめよう。

使いやすい！ つっぱり棒を使って

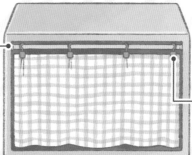

つっぱり棒は落ちてこないようにしっかりとめよう。

カーテンクリップで布をはさんで、つっぱり棒に通そう。

リメイクシートを使ってみよう

リメイクシートって？

シールのように裏にのりがついているシート。好みの長さに切って貼るだけで、棚などをイメチェンできるよ。傷をかくしたいときにもおすすめ。

⚠️ 注意

シートをまちがって貼ったときに、きれいにはがせるかどうかまず確認を。目立たないところにシートを少し貼ってから、はがしてみよう。棚の表面がはがれなければOK。

❶ リメイクしたい棚をふく

中に入っているものを出して、棚全体をきれいにふこう。

水ぶきしたときは、しっかりかわかしてからシートを貼ろう。

❷ シートを切る

貼りたい場所のサイズをはかり、それより少し大きめにシートを切ろう。あまったシートは丸く切り抜いて壁に貼るのもおすすめ。

➡175ページを見てね

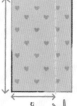

もようの向きを確認してね

❸ シートを貼る

上から下に向かって、裏の「はくり紙」をはがしながら貼ろう。空気が入らないように、貼った部分を手でなでながら貼るといいよ。最後にはみ出た部分をカットしてね。

プチテク

先にマスキングテープを貼って、その上からシートを貼れば、シートをはがしたいときに棚を傷つけずにはがせるよ。

マスキングテープで部屋をデコろう

貼ったりはがしたりできるマスキングテープは、お手軽に部屋をイメージチェンジするのにぴったり。いろいろ試してみてね。

お気に入りの写真や絵をかざろう

お気に入りの写真や絵ハガキ、ポスターなどを、かわいいマステでかざろう。

1枚でラフに

カギカッコ風に

2枚でななめに

棚にならんでいるイメージで

しっかり囲んでがくぶち風に

マステの接着面を表にしてわをつくり、写真などのウラに貼ってとめよう。

注意 はがすときに壁や棚の表面がはがれないか、事前に目立たないところでチェックしてね。お家の人にも相談しよう。

壁や棚にいろいろな柄を貼ろう

壁や棚がカンタンにかわいくイメチェンできるよ。いろいろな柄に挑戦しよう。

ストライプ柄

等間隔に貼るだけ！棚のイメチェンにおすすめ

クロス柄

向きを変えたり、色を変えたりして楽しもう

ドット柄

❶ 何種類かのマステをクッキングペーパーに貼る。端同士が少し重なるように貼るのがコツ。そのあと、円を書く。

❷ はさみで切ってクッキングペーパーをはがして壁に貼る。

壁に絵や文字をかこう

季節のイベントなどのたびに、マステで絵や文字をかけば気分が盛り上がるよ。

ろうそくの形に

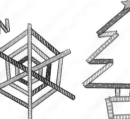

星のシールを貼ってもかわいい！

くものすもカンタン！

モビールやガーランドを作ってかざろう

部屋をかわいくしてくれるモビールやガーランド。100円ショップの素材でカンタンに作っちゃおう。

紙とひもでかわいく作ろう

画用紙などのハリのある紙を好きな形に切って、麻ひもやリボン、毛糸などにセロハンテープでとめてつなげよう。

ガーランド

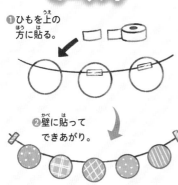

❶ひもを上の方に貼る。

❷壁に貼ってできあがり。

フェルトの場合

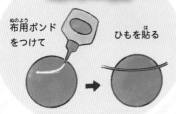

布用ボンドをつけて

ひもを貼る

モビール

❶ひもを中央に貼る。

❷たくさん作って小枝などに結ぼう。

176

プチテク

マスキングテープを使ってモビールを作ろう

❶マステを切ってひもに貼る。

❷端をはさみでカット。

フラッグ風

端をVの字に切ると…
フラッグ（旗）風に

リボン風

端を逆Vの形に切ると…
リボン風に

コースターを使って飾りを作ろう

❶好きな形に切ったり色を塗ったりする。

❷つなげれば完成！

※テープがくっつかない場合は、ボンドなどで貼ろう。

毛糸を使ってポンポンを作ろう

❶毛糸を厚紙に巻きつける。

❷中央をしばり、わになった部分を切る。

❸手でほぐして丸く形をととのえる。余分な部分ははさみでカット。

❹いくつも作って毛糸にボンドなどで貼ろう。

趣味の物を
おしゃれにかざろう

アクセサリーやヘアゴムなどのこまかい物や、背表紙がバラバラのデザインの
本をおしゃれにかざる方法を教えるよ。

アクセサリーや小物をかざろう

ひとつひとつ小分けにして飾ることで、見た目がかわいくなるし、
取り出しやすくなるよ！

コルクボードで

コルクボードにかわいいピン
をさして、ヘアゴムやネック
レスなどをつるそう。

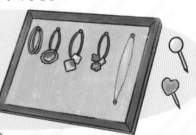

ワイヤーラックで

小さい透明バッグに小物を入
れて、ワイヤーラックに木製
クリップではさむとおしゃれ。

ウォールポケットで

気に入った柄の紙をポケット
のサイズに切って入れてから
小物を入れるとかわいいよ。

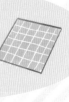

棚のものに統一感を出そう

いろいろな物が集まっている棚は、どうしても色やデザインが
ごちゃごちゃして見えがち。こんな工夫をしてみては？

バッグに入れてならべる

こまごました物や、お片づけ途中の物は、エコバッグなどに入れてつるすとすっきりするよ。布用マーカーなどで絵をかいてもいいね。

ブックカバーをそろえる

おそろいのブックカバーにすると、本棚がすっきり見えるよ。包装紙を使ってもいいし、ブックカバーをダウンロードできるウェブサイトもあるから、それを印刷してもいいね。

手作りブックカバーの作り方

❶ 本のサイズに合わせて紙の上下を折る。

❷ 本に巻いて閉じ、余った部分を折り込む。

❸ 折り返した部分に、本の表紙と裏表紙をそれぞれ差し込む。

❹ 背表紙にタイトルを書く。

マステに書いて貼るとかわいい！

バッグの中も整理しよう

バッグの中も「全部出す→分ける→しまう場所を決める」ですっきり整理しよう。

1 全部出す

机の上にバッグの中身をすべて出そう。ゴミがあれば捨てて、バッグの中のほこりも取ろうね。

2 分ける

取り出す回数が多い物とそれ以外に分けよう。「大事なもの」「身だしなみセット」など用途ごとに分けてもいいよ。

3 しまう場所を決める

バッグの中の仕切りに合わせて、自分が使いやすいようにしまう場所を決めよう。あまり使わない物はポーチにまとめてもいいね。

仕切りがないときは

種類ごとにポーチに分けて入れ、口を開けたままバッグに入れると、取り出しやすいよ。

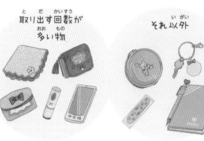

PART 5

きれいな部屋をキープしよう

最近また
部屋が
散らかって
きちゃって

あとでまた
やるからいっか

えのぐセットは
どうしたっけ!?

あ！
はい…
たいそうふく
えーっと…

わ…私も…

オロ
オロ

散乱……

ちらかる〜っ

いってきまーす！

えっ…
まだ1か月も
たってないよ！

う…
うん…

片づけは逆上がりと同じで最初からうまくはできないもの

でも何度も何度も練習をしたら必ず上手になるよ！

ほぉ〜！

生活している以上散らかるのは当たり前だから続けることが大事！

そのためには…

① 使ったらしまう

② 床に置かない

③ 物を増やさない

買っちゃったり

「物を増やさない」はできてるけどほかのふたつは…

ズーン…

しまいぐせを身につけるために物の置き方を見直したほうがいいかもね

せっかくしまう場所を決めたのに？

うまくいかないときは工夫してみよう

しまいづらいと思ったら置き場所を変えてもいいんだよ

たとえばふうかちゃん 鉛筆とレターセットはどこにしまってる?

鉛筆は机の引き出しにしまって…

レターセットは趣味の棚に置いてるんですけど

それぞれの場所にしまうのが最近めんどうで…

手紙だいにいこー

ここにしまうはず

それなら鉛筆をペン立てに入れて移動させたり

レターセットと鉛筆をまとめて机の引き出しに入れたら?

そっか! それなら片づけるのもラク!

186

ウロ

ウロ

ウロ

ウロ

ウロ

ひびきちゃんは
朝の準備のたびに
あちこち動き回って
いるんだよね

は…はい

学校に持って
いく物をひとつの
ワゴンにまとめて
置いたら？

なるほど〜
使いやすそう！

ハンカチ
&
ティッシュ

絵の具バッグや
書道バッグ

工夫しながら
片づけを
続けていれば

きっと
みんな片づけが
得意になるよ！

物の置き場所を見直そう

置き場所を決めても散らかるのは、少ない動作で片づけられないからかもしれないよ。カンタンにもとに戻せる場所に置き直そう。

☆ 取り出しくい、片づけにくいと感じたら ☆

収納場所を変えてみる

机で勉強以外のこともするなら、必要な物を引き出しに入れよう。逆に「引き出しに入れたけどまったく使わないな」と思う物は、別の場所に移動を。

家具の置き場所を変えてみる

ベッドで本を読む習慣があるなら、本棚はそばにあるほうが便利。自分の行動を振り返って家具の置き場所を変えてもいいね。

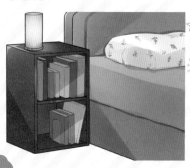

重い…

軽い！

収納グッズを変えてみる

重くて取り出しにくい収納グッズは、出し入れや片づけが大変になることも。よく使う物は、取り出しやすい収納グッズに変えよう。

できるだけ少ない動作で片づける

「鉛筆は筆箱」
「レターセットは趣味の棚」の場合

1. 筆箱を開ける
2. 鉛筆を筆箱に戻す
3. 筆箱のふたを閉める
4. 引き出しを開ける
5. 筆箱を引き出しに戻す
6. 引き出しを閉める
7. 立ち上がってレターセットを趣味の棚に戻す

しまう動作が多い!!

筆箱をやめて
レターセットと鉛筆を
トレイにひとまとめにして
机の引き出しに入れると…

ラクチン!

1. 引き出しを開ける
2. トレイを入れる
3. 引き出しを閉める

3つの動作で片づく!

プチテク

学校の用意をひとつにまとめるとラクチン!

キャスター付きワゴンにまとめれば、そうじもしやすく便利。このワゴンは玄関やリビングに置く方法もあるよ。

上ばきや体操服などを入れておく

ハンカチやティッシュをトレイに入れる

たとえば上着やハンカチの置き場を玄関にすれば

部屋へ取りに行かなくてすむし忘れものも減るよね

前日の夜に準備をしたバッグを玄関に置いておけば

朝することがひとつ減って動線もシンプルになるよ

ほんとだ〜！

自分の動線を考えて家の人と相談しながら置き場所を決めようね！

191

動きに合わせて置き場所を決めよう

レッスン 2

片づけるためだけに部屋に戻るのがめんどうで、つい物を置きっぱなしにすることがあるよね。ムダのない動きができるよう工夫しよう。

☆ 生活動線に沿って置く場所を決めよう ☆

自分の動きを考えて、どこに物を置けば片づけやすくなるか考えてみよう。お家の人にも協力してもらってね。

家族の部屋	自分の部屋
洗面所	トイレ
お風呂	玄関
リビング・ダイニング	

リビングに通学バッグを置く場所があれば、プリントを出したり、リビングで宿題したりするのがラク

玄関に上着や帽子を置く場所があれば、帰宅してすぐに片づけられる

「おうちバッグ」を作る

家の中を移動するときは、「リビング（または部屋）に持っていく物はないかな？」とつねに考えよう。自分専用のバッグを作って、必要な物を入れて、持って移動すると便利だよ。

パジャマ

上着と帽子

バッグに入れておいて、あとで部屋やリビングに運ぼう！

☆ 朝の動きと置き場所を見直そう ☆

朝の準備は大変。洗面所や玄関に必要な物を置く工夫をしよう。

NG！パターン ▼ | OK パターン

部屋で着替えと準備

NGパターン：
- 服が決まらない〜
- 時間割そろえてない
- 宿題どこに置いたっけ？
- プリントをリビングに忘れてきた！

バタバタ…

OKパターン：

- 着る服を前の日におうちバッグに入れて準備
- 宿題とプリントは通学バッグに入れて玄関に置いてある

洗面所で身だしなみ

NGパターン：
- ヘアゴムを部屋に置いてきた〜！

バタバタ…

OKパターン：
- 洗面所にヘアゴムとピンを置いてあるから便利

玄関でいってきます

NGパターン：
- 部屋に上着と帽子を取りにいかないと…
- あ〜ハンカチを部屋に置いてきた〜

バタバタ…
- 遅刻する〜！

OKパターン：
- 玄関に朝必要な物を置いてあるからすぐに出かけられる！

夕方の動きと置き場所を見直そう

リビングに自分の物やプリントを置く場所を作ると便利だよ。

NG! パターン　　　## OK パターン

帰宅後に洗面所で手洗い・うがい

リビングに通学バッグや上着をほうり出してたら怒られた…

バタバタ…

リビングに通学バッグの置き場所があると迷わない

リビングでおやつ

プリントを入れたまま通学バッグを部屋に置いてきちゃった

おやつを食べてたら「プリントを出しなさい！」と怒られた…

プリントを入れるトレイを作ったから、プリントがなくならなくなった

おやつを食べている間にママがプリントを返してくれたから、すぐバッグに入れよう

自分の部屋

おやつの途中なのにまた部屋に戻らなきゃ…

バタバタ…

ごちそうさま〜通学バッグを持って部屋に行こう♪

夜の動きと置き場所を見直そう

「おうちバッグ」を使って物を運ぶと、動きがスムーズになるよ。

NG！パターン ▼ ## OKパターン

部屋で宿題

宿題が終わったから早くリビングで遊ぼう！

宿題のあと明日の準備も終わらせて、リビングに行くついでに通学バッグも持っていこう（途中で玄関に置いていこう）

「おうちバッグ」にパジャマを入れてリビングに持っていこう

リビングでくつろぐ

リビングでトランプしようと思ってたのに、部屋に忘れた！

バタバタ…

リビングにトランプを置いてあるからすぐに遊べる！

お風呂

お風呂の時間だけどパジャマを取りにいくのがめんどう…と思ってたら、ママに怒られた

パジャマがあるから部屋に戻らずにお風呂に直行できる

パジャマを部屋に取りに行くときに、リビングにトランプを忘れてきた…

バタバタ…

おそうじをマスターしよう

そういえば…みんなおそうじは定期的にしてる？

いずみさんに教わったことはちゃんとやってるよー

えっ↑ん！

さてはみんな…片づけとおそうじは同じと思ってる？

え？

片づけは物を減らしたり収納したりしてリセットすること

おそうじは汚れを取る作業だよ

そ…そうだったの…！？

ガ〜〜〜ン

196

小さなことでもほうっておくとどんどん部屋が汚れていくからね

はい！

それとは別に週に1度はしっかりおそうじをするといいね

そうじきをかける

ほこりをはらう

布団を干す

ゴミをまとめる

シーツを替える

できるかな…

うっ…ごくん…

1日かかっちゃいそう…

部屋が片づいていればおそうじもカンタン！私は10分くらいでやっちゃうよ

10分で!?

ふだんから「ちょこっとそうじ」をしていれば

汚れがひどくならないからおそうじの時間が短くなるよ

サッサッ

テキパキ

あとは時間のあるときに棚や机の水ぶきもね

たしかにいずみさんの部屋みたいにきれいだと汚したくなくなる！

よし、そうじもがんばろ〜…

キョロ…

レッスン3 ふだんからおそうじの習慣をつけよう

毎日少しずつでもおそうじしていれば、汚れがたまりにくくなるから、部屋で気持ちよく過ごせるよ。

毎日できるちょこっとそうじ

ゴミや消しかすはすぐ捨てる

小さなゴミでもほうっておくと、どんどんたまって部屋が汚くなるよ。勉強や作業が終わったらすぐに消しかすやゴミを捨てる習慣をつけよう。

汚れたらすぐにおそうじする

落ちた髪の毛はすぐにおそうじしよう。テーブルについた汚れは、ほうっておくと取りづらくなるから、すぐにふきとろうね。

おそうじスリッパでラクチンきれい！

足裏にモップがついているスリッパなら歩くだけで床がきれいに！100円ショップなどで探してみてね！

そうじ道具は近くに置く

目の前にそうじ道具があれば、汚れがついたときすぐに
おそうじをする気になるよね。こんなところに置いておくのがおすすめ。

ほこりとりやカーペットクリーナーを棚の横につるしておく

ウェットティッシュをすぐ手に取れる机の上などに置いておく

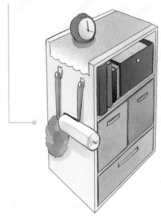

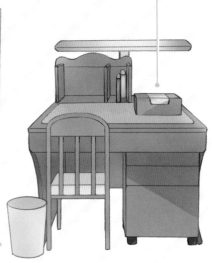

ゴミ箱は机のそばなど、ゴミが出やすい場所の近くに置いておく

プチテク

鉛筆けずりのカスはいったん袋に入れて

そのままゴミ箱に入れると、袋がやぶれたりゴミ箱が倒れたりしたときに悲惨なことになるよ。いったん小さい袋に入れよう。

❶ 箱ごと袋の中に入れてそっと中身を捨てる。

❷ 空気を抜いて結ぶ。

❸ ゴミ箱に入れる。

時間のあるときの すっきりおそうじ

長い休みのタイミングなどに床や棚のおそうじをしておこう。汚れがたまりづらくなるから、大みそかの大そうじもラクになるよ。

床をピカピカにしよう

ウェットタイプのペーパーモップやそうじきを使って
カンタンに床をピカピカにしよう。

ペーパーモップの場合

部屋の奥から入り口に向かってかける

入り口から奥に向かってかけると、ぬれているところを踏むことになるよ。うしろに下がりながら、ぬれたところを踏まないようにしてモップをかけよう。

木目に逆らうとすき間にほこりがつまるので、必ず木目に沿ってモップをかけよう。

そうじきの場合

前に進みながらかける

部屋の手前から奥に向かって前に進みながら動かして、きれいになったところを歩こう。ゆっくりとヘッド部分を前後に動かすと、ゴミを吸い込みやすくなるよ。

ぞうきんで棚や机を水ぶきしよう

物がたくさん詰まっている棚には、ほこりもいっぱい。
すみっこにたまりやすいから、めんどうでも、物を全部出してそうじしよう。

POINT❶
物を出してほこりを取る

物をすべて出して、ハンディモップなどでほこりを取ろう。1段ずつ物を出しておそうじするのはだめ。ほこりは上から下に落ちるから、下の段にあるものが汚れるよ。

POINT❷
上から下の順にふく

汚れは上から下に落ちるから、必ず上の段からふき始めよう。水ぶきのあとは、かわいたぞうきんで二度ぶきをしてね。しっかりかわいたら、物を戻そう。

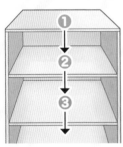

プチテク
ほこりがたまらないようにする3つのコツ

❶ 空気を入れ替える

部屋の窓とドアを開けて、空気の通りをよくしよう。おそうじをしたあともしばらく開けておいて、ほこりを追い出そう。

❷ 物の量を見直す

物が多いとほこりも増えるよ。とくに布製品はほこりがたくさん出るから、必要な物以外はしまっておこう。

❸ ほこりをはらう

服についたほこりを家に持ち込んでしまうことも。家に入る前に、パッパッと服のほこりをはらうといいよ。

学校でも片づけをしよう

部屋がきれいになったら、学校の机の中やロッカー、通学バッグも片づけをしよう。

道具箱

× ゴミを入れない！
× 詰め込まない！

机の引き出しと同じように、空き箱やトレイなどで仕切ると使いやすいよ。よく使う物を手前に入れよう。

学校のロッカー

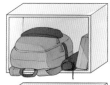

通学バッグは、肩ひもがたれ下がらないように入れよう。教科書を入れる場合は、取り出しやすいように立てて入れよう。

通学バッグ

プリント

そのまま入れるとぐちゃぐちゃに。
必ずケースに入れよう。

教科書・ノート

科目ごとにセットにして、手前から時間割の順に並べよう。そのまま机に入れれば、時間割順に使いたい物が取れるよ。

筆箱

鉛筆がけずってあるか、消しゴムや定規は使える状態になっているか確認。

PART 6
家の中の共有の場も片づけよう

共有スペースも
片づけよう

※共有スペース＝家の中で
みんなで使う場所のこと。

最近 部屋が
散らかりにくく
なったな〜

私 いずみさんに
近づいたかも‼

ふうか！

は…はい？

トイレの電気が
またつけっぱなし
だったよ

あ…
ごめんなさい

それに
ソファの上に上着を
ほうり出したまま

リモコンも
出しっぱなし
だし…

おやつを食べたら
お皿くらい
洗いなさい！

……

…ってママに
怒られたよ…

はぁ～～～

りなの家

わかるー！
私もさぁ…

208

…ってね…

私も今朝ね…

フン
フン♪

今日もばっちり！
いってきまーす！

ちょっと
待ちなさい

？？？

でもね！

たしかにみんなとっても片づけ上手になったよ

うんうん

そうでしょそうでしょ！

みんなで使う場所にも気をつかえるようになってこそ本当の「片づけ上手」！

ピシッ✧

次に使う人のことを考えて自分の部屋以外も片づけようね

ガ———ン∞

部屋を出るときは電気を消す！

使った物は片づける

リビングには自分の物を置きっぱなしにしない

はい…

家の中も きれいに使おう

自分の部屋だけでなく、家の中も片づいている方が気分がいいよね。毎日できるカンタンな片づけのマナーを紹介するよ。

4つの「ぱなし」をやめよう

 出しっぱなし

リモコンやつめ切りなど、みんなで使うものをしまわずに出しっぱなしにしていない？

✕ 置きっぱなし

ソファやダイニングのいすに脱いだ服やバッグを置きっぱなしにしていない？

✕ つけっぱなし

部屋を出るときに、テレビや部屋の電気などをつけっぱなしにしていない？

✕ 汚しっぱなし

こぼれた飲み物や、食べこぼしなどの汚れを、そのままにしていない？

家の中が片づくといいことがいっぱい

みんなが気持ちよく過ごせる

学校をそうじするのと同じように、みんなで過ごす家の中も、みんなで協力してきれいをキープしよう。

友だちも呼べる

自分の部屋がいくらきれいでも、玄関やトイレが汚いと友だちを呼びにくいよね。家の中がきれいなら、友だちにも気持ちよく過ごしてもらえるよ。

次の人のために
トイレのふたを
閉めて…

トイレット
ペーパーは
きれいに
切り取ろう…

外出先でのエチケットが身につく

共有スペースを片づけてみんなで気持ちよく使う習慣が身についていれば、外出先や友だちの家でも役に立つよ。

友だちがお泊まりに来るってどういうことかわかる…？

え…

部屋もリビングも玄関もきれいなら問題ないかと…

大事なところを忘れてる！

トイレやお風呂はきれい？

あ…

目立つところだけきれいにしてもダメ！地味なところもきれいにしないと！

で…でもトイレやお風呂はママがおそうじしてくれるから〜

キラーン

あまーい!!

ま…また…

トイレやお風呂もみんなで使うスペース

大そうじはムリでもふだんから自分でできることがあるよ

で…できることって…

使ったあとは汚れていないか見る

トイレットペーパーがなくなったら替える

生理用品をきちんと捨てる

汚れていたら…そうじ!

マットが水びたしにならないよう

お風呂から出る前に体の水分をぬぐう

排水溝のゴミはティッシュでつまんで捨てる

最後の人は電気を消して換気する

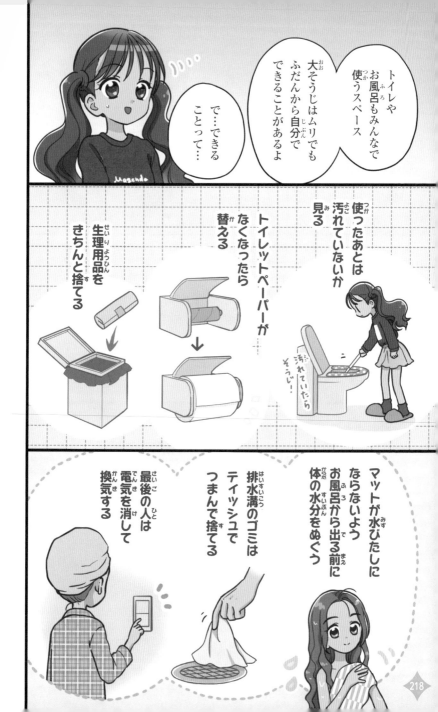

つめたっ

ふっかのあとの
マット
べちょべちょ…

これは人の家に
行ったときや
旅行先で
泊まるときの
エチケットでも
あるよ

あ…

たしかに…
今まで知らない間に
まわりの人にイヤな
思いをさせてたかも…

次の人が気持ちよく
使えるようにするって
大事だね…

カラッ

友だちが
トイレットペーパーが
ないって困るかも…

そう！

おそうじは
大人だけの
仕事じゃないはず

ブシ

ブシ

みんなの家なんだから
みんなできれいに
しようね！

あなたの おなやみ 聞かせてください！

よりよい本作りのために、本の感想やなやみを教えてください。
今後の本作りの参考にいたします。

みんなのリアルアンケート

Q1 役に立ったと思うページをページ番号で、
3つ教えてください。

Q2 Q1で選んだ理由を教えてください。

Q3 いまなやんでいる「カラダにまつわるなやみ」を具
体的に教えてください。

Q4 いまなやんでいる「ココロにまつわるなやみ」を具
体的に教えてください。

Q5 そのほかで知りたいことが
あれば、教えてください。

あなたのリアルな声を
聞かせてね！

● 下のあて先までおハガキ、お手紙のどちらかで送ってください。
● 「名前」「年れい」と「学年」を書いてください。
　（あなたのお名前が本にのることはありません）

あて先
〒113-0034　東京都文京区湯島2-3-13　株式会社西東社
「ミラクルハピネス♡ 毎日がステキにかわる
片づけレッスン おなやみ募集」係

223

監修者 瀧本真奈美（たきもと まなみ）

株式会社クラシング R 代表取締役。整理収納コンサルタント、暮らしコーディネーター。愛媛県生まれ、在住。整理収納アドバイザー2級認定講師、整理収納教育士、片づけ遊び指導士などの多数の資格を持ち、インテリア誌をはじめとする150冊以上の雑誌や、テレビなどで活躍中。著書に『片づくのはこんな家』（カナリアコミュニケーションズ）など多数。
WEB 上の総フォロワーは 20 万人を超える。
https://www.kurashiing.com/
Instagram @takimoto_manami

スタイリング監修	吉野公恵（CAB） http://www.cab-stylist.com/
マンガ	三月トモコ
カバーイラスト	南野 葵
イラスト	餅田むぅ（P32-33ほか）、おおいま奏都（P46-47ほか）、咲良香那（P56-57ほか）、水玉子（P78-79ほか）、miii（P164-165ほか）、リーりん（P188-189ほか）、パン山おにぎり（P214-215ほか）
デザイン・DTP	棟保雅子、能勢明日香
編集協力	合同会社コトリギ

※本書は2020年8月発行『ミラクルガール相談室 ステキ女子の片づけレッスン』の内容を一部変更し、再編集したものです。

ミラクルハピネス♡
毎日（まいにち）がステキにかわる 片（かた）づけレッスン

監修者	瀧本真奈美
発行者	若松和紀
発行所	**株式会社 西東社** 〒113-0034　東京都文京区湯島2-3-13 https://www.seitosha.co.jp/ 電話　03-5800-3120（代）

※本書に記載のない内容のご質問や著者等の連絡先につきましては、お答えできかねます。

ISBN 978-4-7916-3354-8